CÓMO VIVIR SOLO E INDEPENDIZARTE CON ÉXITO

Consejos Financieros para Millenials y Generación Z para Resolver el Dilema del Dinero

STEWART MALLIN

Índice

Introducción v

1. Legalidades 1
2. Alquiler De Tu Primer Apartamento 5
3. Presupuesto 27
4. Los Coches 47
5. Encontrar Un Trabajo 73
6. Cuestiones Médicas 83
7. Comida 97
8. Los Viajes 103
9. Personales 121
10. La Seguridad 137
11. ¿A Qué Distancia Debes Vivir de tus Papás? .. 149
12. El Fracaso de Regresar a Vivir con tus Padres .. 155

Conclusión 159

Introducción

La idea de este libro surgió al recordar todas las llamadas telefónicas que recibí de mis hijos adultos después de que se mudaron de nuestra casa a sus primeros apartamentos.

Eran niños inteligentes con mucho sentido común, pero surgieron situaciones en las que nunca se habían enfrentado antes y necesitaban a alguien con quien consultar para asegurarse de no equivocarse.

Como padres, nuestro trabajo es preparar a nuestros hijos para la edad adulta. Lo intentamos, pero a veces nos ocupamos y extrañamos cosas. A veces explicamos las cosas, pero simplemente no encaja. Por eso escribí este libro. Es como una llamada telefónica a un padre. Intenta responder a las preguntas que inevitablemente surgirán después de entrar en esta emocionante etapa de la vida llamada "edad adulta":

No es necesario leer este libro de principio a fin. Está destinado a ser una referencia donde los lectores pueden ir directamente al capítulo que trata su pregunta o problema actual.

Tomar el camino de la independencia es una decisión que además de beneficios, implica gastos financieros; es pasar de tenerlo "todo" a ganarte cada cosa que necesites.

Separarte del hogar de los padres es quizá una de las decisiones más grandes que se toman en el proyecto de vida de las personas, y de su planeación y estructuración previa depende el éxito de su determinación.

Metas claras

Cuando se entra al mundo laboral hay que dejar las fantasías atrás. Si quieres independizarte debes ser consciente que antes de gastar tu salario en ropa, recreación, fiestas... debes hacer un presupuesto de las entradas y salidas de dinero que tienes, para posteriormente definir cuáles son los recursos que cubrirán las obligaciones primarias (alimentación, arriendo, servi-

Introducción

cios, transportes...), cuáles para ahorrar y qué queda para darte un gusto.

Fijar metas y objetivos a largo plazo te ayudará a estructurar tus ahorros y a realizar una inversión personal que te permita convertir tus sueños en realidad.

Recuerda que esto podría, por ejemplo, darle la posibilidad de disfrutar de una pensión para una vejez tranquila, conseguir las cosas con las que desea vivir más adelante como pueden ser tener un carro, viajar al exterior, hacer una maestría o adquirir casa propia.

No olvides que las prioridades o tiempos de consecución de dichas metas varían según cada individuo.

¿Estás o no preparado? Haciéndote unas sencillas y lógicas preguntas, tú podrás determinar si estás listo o no, para dar este paso:

¿Cuánto aportas mensualmente para los gastos de tu hogar?

¿Cuánto recibes de tus padres mensualmente para tus gastos personales?

Introducción

¿Cuánto dinero te queda libre del salario que recibes?

¿En qué gastas lo que te queda libre?

¿Ahorras?

¿Lo que pagas en tu casa es suficiente como para pagar un arriendo aparte?

Si tomas la decisión de irte de tu casa, ¿el salario que recibes te alcanzaría para cubrir gastos como: alimentación, vivienda, transportes, servicios, vestimenta y diversión?

¿Sabes cocinar o generalmente le preparan la comida?

¿Cómo alcanzarás tus metas?

Una vez tengas la respuesta a estos sencillos interrogantes, organízate y ve tras tus objetivos:

1. Escribe en un papel todo lo que se quiere lograr.

2. Asígnale a cada una de tus metas un nivel de prioridad y un plazo en meses para lograr cumplirlo. En este punto es muy importante que tengas conocimiento pleno de tu presupuesto y por ende, de tu capacidad de ahorro. Esto influirá en el tiempo que te

tome lograr cada uno de tus objetivos según tus costos.

3. Es más fácil ahorrar y cumplir nuestros sueños cuando las metas se tienen claramente identificadas. No es lo mismo decir "voy a ahorrar", que decir "voy a ahorrar $150 al mes para comprarme un reproductor de música en cuatro meses".

4. Empieza tu planeación por metas sencillas que sean fáciles de cumplir, pues al hacerlo te animaras a obtener cada vez cosas más importantes.

5. Analiza los beneficios y los costos de cada una de tus decisiones financieras, tanto en el corto como en el largo plazo.

6. Antes de gastar, reconoce primero si se trata de una necesidad o de un deseo. ¡Aprende a decir NO y así te evitarás gastos innecesarios!

7. Aprende a buscar la mejor opción. La clave está en comparar precios y calidad de los productos y servicios que deseas adquirir y escoger el mejor para el precio que quieres pagar.

¿Por qué independizarte?

1. Mayor autonomía

Vivir solo te hace más libre de tomar todas las decisiones de tu vida, desde qué comer, a quién y cuándo invitar, a que hora llegar, a que hora despertar, cuando hacer limpieza, hasta cuánto dinero ahorrar y de qué servicios presidir para elevar tu calidad de vida y estabilidad financiera.

2. Te vuelves más responsable

Tener mayor libertad implica más responsabilidad, por lo tanto, comienzas a tomar más madurez sobre lo que implica llevar una vivienda, tener gastos fijos y variables, la limpieza de tu hogar, e incluso las relaciones personales que tienes con otras personas.

3. Autoconocimiento

Cuando dejas el núcleo familiar comienzas a conocerte mejor. Convivir más tiempo a solas contigo mismo, te permite conocer nuevos aspectos de tu personalidad, te ayuda a evaluar qué es lo que quieres lograr en tu vida, que te hace feliz, así como fortalecer tu personalidad.

4. Mejora tu relación de pareja

A medida que te conoces mejor, puedes tener un proyecto de vida más claro como puede ser empezar a compartir tu vida en pareja. Toda relación conlleva responsabilidades y desafíos, saber qué es lo que quieres y qué es lo que estás dispuesto a dar es esencial para alcanzar la estabilidad en pareja.

5. Mejor relación con tus familiares

Cuando vives con tus padres, hermanos o familiares, siempre se presentarán problemas de convivencia, debido a personalidades diferentes o muy similares. No obstante, al vivir lejos de ellos, ambas partes valoran más al otro y comienzan a priorizar la calidad de las reuniones en lugar de la cantidad, favoreciendo las conversaciones más profundas y mejorando la relación.

6. Aprendes a administrar tiempo y dinero

Desgraciadamente en muchos lugares del mundo la educación financiera impartida en el hogar es casi nula, por eso cuando comienzas a independizarte, es común pasar por varias dificultades, incluso habrá ocasiones en que te quedes sin dinero al final de quincena o que tu casa esté muy sucia.

Aquí es cuando comienzas a priorizar y administrar tus gastos y tu tiempo.

7. Crecimiento en tu carrera profesional

Introducción

Cuando uno se independiza se da cuenta de la importancia del dinero y de la estabilidad económica, por lo que se buscan nuevas formas de obtener más ingresos, puede ser que busques un aumento y para conseguirlo te vuelvas más productivo y más enfocado o bien que busques crear un nuevo negocio.

8. Autoconfianza

Habrá ocasiones en las que tus decisiones no sean las correctas, sin embargo, esto te dejará un aprendizaje que enriquecerá tu conocimiento y hará que cada día mejores.

Esto en consecuencia provoca un incremento en tu nivel de autoconfianza.

1

Legalidades

Tienes 18 años (o tal vez 21, recordemos que en muchos lugares del mundo va cambiando) y eres oficialmente un adulto legal. Hurra. Has estado esperando este día durante mucho tiempo. Puedes tomar tus propias decisiones ahora.

Tus padres ya no pueden darte órdenes. Puedes salir con quien quieras, alistarte en las fuerzas armadas, tomar una cerveza (siempre que desde el lugar donde estés ya tengas la mayoría de edad, por supuesto). Está todo bien, ¿verdad?

No tan rápido.

. . .

De niño, tus padres te castigaban cuando hacías algo mal. Pero lo más probable es que sus castigos fueran bastante leves, incluso si no lo pensó en ese momento.

Bueno, ahora eres un adulto y ya no te castigarán. Sin embargo, todavía habrá consecuencias cuando cometas errores. Sólo que ahora esas consecuencias son un poco más graves.

- A los 18, puede estar sujeto a un contrato que firme.
- A los 18 te pueden demandar.
- A los 18 años, puede ser juzgado como adulto por un delito e ir a la cárcel.

Esto no pretende asustarte sino recalcarte que junto con las libertades de la edad adulta vienen las responsabilidades.

Espero que esto ayude a brindarles a los adultos jóvenes la información que necesitan para salir adelante con confianza por su cuenta.

. . .

Diviértete y disfruta de este maravilloso momento de tu vida pero, en el camino, sigue las reglas de la ley y trata de ser un buen inquilino, vecino, empleado y ciudadano.

2

Alquiler De Tu Primer Apartamento

Tal vez estés en la universidad y ya no quieras vivir en los dormitorios. O has estado viviendo en la casa de tus padres pero quieres tu privacidad e independencia. Cualquiera que sea el motivo, estás listo para tu primer apartamento.

El costo va a determinar la ubicación y el tamaño de su apartamento. Supongo que pagará su propio alquiler o, al menos, vivirá con un presupuesto. Como regla general, su alquiler no debe ser más de un tercio de su salario neto. Esto puede ser difícil en áreas de alquiler alto (LA, NYC, Chicago, etc.), pero haga todo lo posible para seguir ese punto de referencia. Después de todo, querrás que te quede algo de dinero para comida, gasolina y diversión.

Ten en cuenta todos los costos asociados con el apartamento. ¿Los servicios públicos están incluidos?

Si no, pregunta de cuáles eres responsable y sus costos mensuales promedio. ¿Están incluidos los electrodomésticos o tendrás que proporcionarlos? ¿Hay lavadora y secadora en el apartamento o tendrás que llevar tu ropa a una lavandería? Las lavadoras de monedas pueden ser costosas (ahorra esas monedas) y consumen mucho tiempo y aunque la lleves con alguien que la lave, es difícil tener que llevarla y traerla y más, si aún no cuentas con un automóvil.

Aunque probablemente el dinero sea escaso, no sacrifiques la seguridad al elegir la ubicación de tu apartamento. Si no tienes un automóvil, deberías sentirte seguro caminando hacia y desde tu casa. ¿Qué tan cerca está del transporte público? Si tienes un automóvil, ¿tu apartamento viene con un lugar de estacionamiento? Si no es así, ¿está disponible el estacionamiento en la calle o estarás constantemente buscando un lugar libre y correrá el riesgo de acumular costosas multas de estacionamiento, pagarás pensión, o incluso podrías correr el riesgo de que algo le pase a tu coche?

Arrendamientos:

Todos los propietarios son diferentes, pero debes esperar tener ahorrados dos meses de alquiler antes de obtener un apartamento. Probablemente se te pedirá que proporciones un depósito de seguridad equivalente al alquiler de un mes MÁS el alquiler del primer mes. Algunos propietarios incluso requieren el alquiler del primer mes, el alquiler del último mes y un depósito de seguridad.

Si no tienes historial crediticio, es posible que te pidan a alguien (como uno de tus padres) que firme tu contrato de arrendamiento.

A menudo se te pedirá que firmes un contrato de arrendamiento de un año. Un contrato de arrendamiento te protege a ti y al arrendador: a ti, al saber que tu alquiler sigue siendo el mismo durante el plazo del contrato de arrendamiento, y al arrendador al saber que tiene la garantía de recibir dinero durante el plazo del contrato de arrendamiento. Si no se especifica o si no vuelve a firmar después de que termine el año, el contrato de arrendamiento por lo general volverá a ser de mes a mes después del primer año. Dependiendo de la situación, eso puede ser bueno o malo. Los contratos de arrendamiento de mes a mes te brindan a ti y al arrendador flexibilidad: tú puedes mudarte y el arrendador puede aumentar su alquiler. Basa tus decisiones sobre arrendamientos en tu situación particular.

Un arrendador puede requerir referencias y un informe de crédito. Debes estar preparado con los nombres y números de teléfono de las personas que avalarán tu carácter y tu capacidad para pagar el alquiler (los empleadores actuales o anteriores son ideales). Imprime una copia de un informe de crédito reciente y llévalo contigo para que cada lugar donde envíes una solicitud no afecte tu crédito (más sobre esto en el capítulo sobre Presupuesto).

Utilidades:

Entonces tienes un apartamento nuevo y genial. No puedes esperar para comenzar a llenarlo con muebles y hacer que el espacio sea tuyo. Sin embargo, hay un paso más en el medio. Debes llamar a las compañías de servicios públicos y poner los servicios a tu nombre o estarás sentado en la oscuridad en tu nuevo apartamento congelándote porque no tienes luz ni calefacción. Los servicios públicos son cosas como electricidad, gas, agua/alcantarillado y cable. A veces incluso se te puede pedir que pagues por la basura o el paisajismo. Pregunta a tu arrendador cuáles son de tu responsabilidad y los nombres y números de las empresas con las que debes tratar en tu área. Lo ideal es llamarlos antes de la fecha de mudanza para solicitar que el servicio comience en la fecha de mudanza. Si no tienes crédito o tienes mal crédito, es posible que te pidan un depósito antes de iniciar el servicio. El cable es increíble, pero puede terminar siendo su factura de servicios públicos más cara si te vuelves loco con los complementos (cable, Internet, teléfono, DVR, velocidades de Internet más altas, canales premium, decodificadores de cable adicionales, etc.).

Decide qué necesitas antes de llamar y de qué puedes prescindir. Tal vez puedas prescindir del servicio de Internet utilizando puntos de acceso públicos a Internet (bibliotecas, café internet, Panera, etc.). Tal vez todo lo que necesitas es el servicio de Internet y luego puedes transmitir películas y programas de televisión (¡tal vez podrías usar todas las contraseñas de las plataformas de streaming de tus padres!).

. . .

El seguro para inquilinos:

Tu contrato de arrendamiento puede requerir que obtengas un seguro de inquilino. Incluso si no es así, deberías considerarlo. Quizás estés pensando: "La mayoría de mis cosas no son lo suficientemente buenas como para que valga la pena robarlas". Pero el seguro de inquilino no solo cubre tus cosas. Cubre el interior de tu apartamento y también a ti si te demandan.

Digamos que quieres darte un baño y abres el agua de la bañera. Pero toma un tiempo llenarse, así que te acuestas en tu cama para esperar y... te duermes rápidamente. Te despiertan los golpes enojados en tu puerta. La anciana cuyo departamento está justo debajo del tuyo está gritando que el agua está entrando por el techo y está loca como el demonio. A continuación, el arrendador le está diciendo que tú eres responsable de todas las reparaciones tanto de tu apartamento como del piso de abajo de la anciana, **POR ESO** deberías obtener un seguro de inquilino.

El seguro para inquilinos también brinda cobertura de responsabilidad personal, lo que significa que te protege si alguien te demanda. Tal vez lesionaste a alguien mientras jugabas al fútbol en el parque (olvidaste que era 'etiqueta' y no 'tackle') o tu perro mordisqueó al cartero. Con el seguro de inquilino, estás cubierto.

Ten en cuenta que la mayoría de las aseguradoras ahora ofrecen un seguro de computadora como un artículo adicional. Si bien tu póliza básica cubrirá robo, incendio y vandalismo, esta cláusula adicional cubre dejar caer tu computadora o derramarla sobre ella. Pregunta sí pagarás por el valor real en efectivo o por el valor de reposición. El valor en efectivo le reembolsa el valor actual de algo (precio usado), mientras que el valor de reposición cubre el costo de comprar una versión nueva de su artículo.

La mejor manera de ahorrar dinero en el seguro de alquiler es usar la misma compañía de seguros que usas para tu seguro de automóvil. Puedes guardar un paquete mediante la agrupación.

Mobiliario:
El otro costo importante cuando obtiene su primer apartamento es el mobiliario. Tal vez haya reclamado el sofá y la televisión del sótano de su familia, pero no

olvide que también necesita platos, cubiertos, utensilios de cocina, sábanas, mantas, almohadas y toallas. También puede querer persianas o cortinas para tener privacidad, una cortina de baño para mantener seco el piso del baño y tal vez un par de cuadros en la pared.

Si eres uno de los niños mayores de tu familia, tus padres o abuelos pueden tener algunos artículos de los que están dispuestos a desprenderse (y una excusa para que salgan y obtengan cosas nuevas para sus propios hogares). Tómalos. Lo sé, probablemente no sean de tu estilo. Pero recuerda que son GRATIS y tu presupuesto se va a estirar con tantas cosas que necesitas para este primer apartamento que podría ser la diferencia entre tener una cama y dormir en un colchón hinchable prestado.

Si tu eres como yo y eres el hijo o la hija número cinco y ya se han repartido todas las herencias familiares, entonces es hora de empezar a buscar gangas. Visita las ventas de artículos usados o de garaje en tu área y prepárese para regatear. Ofrece la mitad de tu precio de venta, incluye una triste historia sobre ser joven y pobre y ve cuán bajo caerán.

· · ·

Existen varios lugares que son un gran lugar para conseguir muebles usados por una fracción de su precio original, pero prepárate para pagar en efectivo ya que normalmente es así en estos lugares y recogerlos tu mismo. Depende también mucho del lugar donde te encuentres, pero al menos en Estados Unidos existe una tienda de descuento para platos, cubiertos, ropa de cama e incluso algunos muebles o alfombras. E incluso hay una tienda internacional que tiene algunas cosas modernas e innovadoras a precios increíblemente bajos.

No todos los apartamentos cuentan con electrodomésticos.

A veces se te pedirá que suministres tu propio refrigerador y estufa. Asegúrate de buscar opciones de segunda mano y poco usadas.

Si no tienes un buen amigo con una camioneta para llevar tus cosas a tu nuevo apartamento, siempre puedes alquilar algún transporte por el día. Sus tarifas diarias son económicas, pero debes saber que agregan una tarifa dependiendo la distancia. Existen varias tiendas que alquilan camiones o camionetas por hora. Si les pides a tus amigos que te ayuden a moverte, sé un deporte y trátalos con sándwiches y bebidas después como agradecimiento.

Mascotas:

Antes de que te apresures a comprar ese cachorro que siempre quisiste pero que tus padres no te permitieron tener, considera esto: encontrar un departamento que admita mascotas reduce tus opciones en un 65% (según una compañía que compila estadísticas nacionales sobre alquileres). Si un alquiler permite mascotas, muchas veces requerirán un depósito adicional por mascota. También debes saber que tener una mascota puede aumentar los costos de tu seguro de alquiler y que hay varias razas de perros que las compañías de seguros no cubren en absoluto.

Junto con las responsabilidades financieras de tener una mascota (comida, veterinario, etc.) están las limitaciones a tu libertad.

Tener una mascota puede significar renunciar a una salida o unas vacaciones si no puedes encontrar a alguien que la cuide en tu ausencia. Es posible que tengas que volver a casa justo después del trabajo para dejar salir al perro en lugar de ir al gimnasio o salir a tomar algo con tus compañeros de trabajo.

Para que conste, no te estoy diciendo que te deshagas de una mascota querida, también soy un amante de los animales. Simplemente quiero que estés al tanto de los problemas que quizás no hayas considerado para que puedas tenerlos en cuenta en tu decisión. Para tu información, no existe tal cosa como mirar escaparates para un cachorro. Podrías decir que solo vas a ir a mirarlos, pero sabes tan bien como yo que llegarás a casa con el primero que te lame la cara y te pone sus mejores ojos tristes de cachorro.

Compañeros de cuarto:
Para mantener los costos bajos o simplemente por diversión y seguridad, puedes optar por tener uno o dos compañeros de cuarto (o más). Te recomiendo que discutas algunas cosas con anticipación y tal vez incluso llegues a un acuerdo de compañero de habitación antes de mudarse juntos. Aclararás las expectativas y ayudará a garantizar que tu(s) amistad(es) sobreviva(n) a su compañero de cuarto.

. . .

Algunos temas de discusión pueden incluir:

Tareas (quién hace qué, cuándo y con qué frecuencia): Inicia un cronograma de limpieza para las áreas comunes para evitar discusiones sobre quién siempre limpia a los demás. Sé considerado y limpias después de ti mismo.

Limpia el lavabo y la encimera del baño cuando termines con tu rutina matutina. Lava tus propios platos después de cada comida (y enjuagarlos pero dejarlos en el fregadero no cuenta).

Comestibles: Establece límites/reglas para comer la comida de los demás. Divide el refrigerador/gabinetes y si tienes que "tomar prestado" del alijo de tu compañero de cuarto, asegúrate de reemplazarlo o pagarlo. No hay nada más irritante que esperar con ansias esas galletas con chispas de chocolate en las que derrochó y encontrar un estante vacío en su lugar.

Servicios públicos: los servicios públicos generalmente se registran a nombre de un solo compañero de habitación, lo que hace que esa persona sea la última responsable de la factura (o la falta de pago de la factura). Tener tu nombre en la factura puede ayudarte a establecer crédito, pero podría terminar dañando tu crédito si la factura no se paga.

Invitados: discute las reglas sobre los invitados que pasan la noche.

¿Con qué frecuencia es apropiado que una persona importante pase la noche? ¿Cuándo un huésped que pasa la noche se convierte en un aprovechado que vive en su apartamento, ensucia el baño y se come la comida, pero no paga su parte justa del alquiler y los servicios públicos? Confía en mí, aparecerá.

Mascotas: ¿Tienes una mascota? ¿Quieres una mascota?

¿Eres alérgico a los animales? ¿El contrato de arrendamiento permite mascotas? Ten la discusión antes de que tu compañero de cuarto llegue a casa con ese adorable gatito de la Sociedad Protectora de Animales que no puede encontrar en su corazón para enviar.

. . .

Horarios: ¿Eres una persona madrugadora que se levanta a las 7:00 y hace ruido en la cocina o tal vez un ave nocturna que pone la televisión a todo volumen hasta altas horas de la madrugada? Los compañeros de cuarto no necesariamente tienen que estar en el mismo horario. De hecho, a veces los horarios opuestos son ideales porque cada uno tiene algo de privacidad y el uso del baño cuando lo necesitan. La mayoría de los problemas de horario se pueden evitar con solo tener consideración el uno por el otro.

Limpieza: Aquí hay un tema que muchos de ustedes van a pasar por alto.

Para aquellos de ustedes que no, gracias desde el fondo de mi corazón de pollo. (Escribo con la esperanza de que la referencia a 'Amigos' todavía sea identificable). Este es mi consejo: mantén tu hogar organizado y ordenado. Tu hogar no solo es un reflejo de ti, sino que también puedes alterar tu estado de ánimo y afectar tu bienestar. Un hogar sucio y desorganizado puede hacer que tu vida se sienta sucia y desorganizada. Y tampoco impresionará ninguna fecha que traigas a casa. (Nuevamente usaré la referencia de 'Amigos', aquella en la que un personaje de esa serie está saliendo con una chica muy sexy, pero va a su casa y encuentra una pocilga repugnante. Ningún grado de sensualidad puede superar un apartamento desordenado, pegajoso y repugnante).

Mantener una casa ordenada es más fácil de lo que piensas.

Primero, todo debe tener un lugar lógico: la ropa en los cajones o armarios o cestas, papeles en un escritorio (idealmente en montones o archivos como 'pendientes/para pagar' y 'pagado') o en un cajón o archivador, platos y comida en la cocina. Tener un lugar lógico para las cosas también te ayuda a ubicarlas incluso si no puedes recordar dónde pusiste algo. ¿Dónde DEBE estar? Finalmente, cuanto más te ocupes del desorden a diario, más fácil será la limpieza semanal.

Ahora las malas noticias: en realidad tienes que comprar artículos de limpieza con tu propio dinero. Y todo este tiempo pensaste que aparecieron mágicamente debajo del fregadero. Los artículos de limpieza básicos que se deben tener a mano incluyen: jabón para platos, limpiador multiuso, limpiador de inodoros, limpiador de vidrios, balde, escobilla de inodoro, desatascador (¡ahora hay algo que desea tener ANTES de necesitarlo!), escoba/trapeador/ Swiffer y una aspiradora si tienes alfombras. (Por lo general, puedes comprar aspiradoras usadas a un precio muy razonable en ventas de garaje o en alguna tienda). Hay algunos productos de limpieza no tóxicos muy buenos en el mercado que hacen el trabajo muy bien sin poner productos químicos innecesarios en su hogar y nuestra agua/ sistemas de desechos. O hazlo tú mismo y ahorra dinero en el proceso.

Una vez a la semana (está bien, puedes extenderlo a dos semanas si estás muy ocupado) deberías darle a tu apartamento una buena limpieza.

Este es el proceso en 5 sencillos pasos:
 1. Limpia todas las encimeras de la cocina y los baños. Eso significa mover cosas y limpiar debajo. Limpia el interior del microondas. Limpia la nevera y la estufa. Friega los lavabos.

2. Saca el polvo de todas las superficies (mesas, estantes, tocadores, escritorios) con un trapo suave o Swiffer

Duster. No olvides la parte superior de las imágenes, los peldaños de las sillas, lámparas-cualquier cosa con un piso superficie que pueda acumular polvo.

3. Limpia el inodoro con un limpiador de inodoros y una escobilla. Luego toma un trapo y limpia la tapa, la parte superior e inferior del asiento, el borde (muchachos, limpien el borde y el piso de cortesía cada vez que fallen o regateen) y el exterior del tazón, en ese orden para evitar que se extiendan los gérmenes.

4. Rocíe la tina con un limpiador multiusos y enjuague. Limpia todos los salientes alrededor de la bañera. Usa un producto antimoho en cualquier punto negro que comience a desarrollarse. Si los atrapas temprano, simplemente se enjuagarán; de lo contrario tendrás que fregar con un cepillo. Si tu bañera tiene puertas corredizas de vidrio, es posible que adquieran una acumulación de cal/calcio debido al agua dura. Para evitarlo, utiliza una escobilla de goma después de cada ducha. Para tratarlo, usa un removedor de agua dura como o sarro.

. . .

5. Barre/trapea/aspira todos los pisos. Existe un enorme abanico de cosas para pisos (secar primero, luego humedecer). Los trapeadores a vapor también son geniales. No te llevará mucho tiempo limpiar todo tu apartamento y hará maravillas con tu estado de ánimo (y la parte inferior de tus calcetines).

Lavadero: Ten un cesto o una cesta para la ropa al alcance de la mano desde tu armario o tocador. Es más probable que pongas tu ropa sucia en el cesto de la ropa sucia si está en el rango de lanzamiento desde donde te cambias de ropa. Soy un gran creyente de los ganchos para reducir la cantidad de ropa que tienes. Los ganchos sostienen esas prendas intermedias que has usado durante la mitad del día pero que no están listas para el cesto.

El día del lavado, simplemente clasifica tu ropa sucia en dos pilas: oscura y clara. Lava tus prendas oscuras con agua fría y las claras con agua tibia o caliente. Además del detergente para la ropa, tira una cucharada de lejía para todo color (como los que se anuncian en la tele) en la tina de la lavadora mientras se llena y dejo que se disuelva antes de agregar la ropa. Ayuda a evitar que mis blancos se vuelvan grises y ayuda a eliminar las manchas.

. . .

Lee las etiquetas de la ropa antes de tirar todo a la secadora o podrías entregarle tu nuevo suéter de lana a tu hermanita o hermanito. Haz un esfuerzo por doblar la ropa mientras aún está caliente de la secadora. La mayoría de la ropa en estos días pasa por el proceso de lavado y secado para dejar la ropa sin arrugas.

1. Primero haz el cuello, plánchalo.

2. A continuación, haga la yema (el panel a través por atrás justo debajo del cuello).

3. Pasar a las mangas a ambos lados de cada una. No olvides planchar los puños.

4. Por último, haz el cuerpo de la camiseta, comenzando por, digamos, el panel frontal derecho y trabajando su camino alrededor de la espalda y finalmente a la izquierda, por el panel frontal.

. . .

Cuando encuentres una arruga rebelde, rocíala con vapor (o puedes dejar la función de vapor encendida todo el tiempo).

Asegúrate de introducir la punta de la plancha en todas las esquinas, contra todas las costuras y entre y alrededor de los botones. Ese es el secreto del planchado. Es como pintar una pared: cualquiera puede pasar una brocha o un rodillo sobre las grandes extensiones de una pared; la habilidad y la atención al detalle se muestran en los bordes.

Este es un consejo para los que hacen trampa cuando no tienen tiempo de lavar o planchar correctamente: rocía la prenda con agua (idealmente con una botella rociadora, pero el método de sacudir los dedos será suficiente) con un líquido especial, y ponla en la secadora durante diez minutos. Voila, tienes una camisa falsamente limpia y planchada para el trabajo o una cita improvisada.

Haz un esfuerzo por lavar tus sábanas todas las semanas, si es posible. Lavo mis toallas el mismo día para mantenerme en un horario. Las toallas se pueden usar más de una vez antes de lavarlas, siempre y cuando las cuelgues para que se sequen correctamente entre usos.

Huéspedes:
Tener invitados en tu casa requiere un equilibrio entre hacerlos sentir especiales y hacerlos sentir relajados, como si fuera su propia casa. Me gusta ofrecer a los invitados su primer refrigerio y luego mostrarles la cocina e invitarlos a servirse ellos mismos a partir de ese momento. Si conoces bien a tus invitados, intenta tener algunos de tus favoritos a mano.

Los invitados durante la noche pueden ser complicados cuando tienes un apartamento pequeño. Diles a los huéspedes con anticipación qué tipo de alojamiento para dormir puedes ofrecer (¿cama, sofá, colchón inflable, piso?), y luego pueden decidir si reservar o no un hotel en su lugar. No estás obligado a ceder tu cama o dormitorio para invitados; sin embargo, al menos debes ofrecerles sábanas limpias, una almohada con una funda limpia y frazadas apropiadas para la temperatura del apartamento.

. . .

Lo más probable es que compartas tu baño con tus invitados (a menos que tu apartamento tenga más de uno). Haz un esfuerzo por limpiar el baño antes de que lleguen y ofréceles una toalla limpia para usar durante su estadía. Una luz de noche es un buen detalle para que los huéspedes puedan encontrar el baño en medio de la noche.

Es totalmente razonable esperar mantener algunas áreas de privacidad cuando tiene invitados. Tu dormitorio es tu espacio privado y los invitados no deben entrar sin una invitación. Tu escritorio, computadora y documentos son solo para ti, a menos que le hayas dado permiso a tu invitado para verlos o usarlos.

3

Presupuesto

Un presupuesto es algo simple de hacer pero algo difícil de cumplir. Parece que cuanto más dinero ganamos, más encontramos para gastarlo; nunca parece haber suficiente.

Entonces, aquí hay un consejo que te servirá a lo largo de toda tu vida, si puedes apegarte a él. PAGATE TU PRIMERO. Ahorra el 10% de tus ingresos antes de pagarle a nadie más. Si puedes hacer esto a lo largo de tu vida, nunca tendrás que preocuparte por el dinero. Se llama vivir bajo tus medio y casi nadie lo hace.

Hay varias maneras de hacer un presupuesto (y ceñirse a él).

. . .

Puedes usar una de las muchas aplicaciones para teléfono o computadora disponibles.

Te ayudarán a categorizar correctamente tus gastos y muchas veces también a realizar un seguimiento de ellos.

O puedes obtener una visión general más amplia de tus finanzas mensuales con este enfoque más informal. Toma una hoja de papel y pon tus ingresos actuales encima. (Aquí es donde, idealmente, tu descuentas el 10% para ponerlo en ahorros.) A continuación, enumera tus gastos fijos, cosas que son las mismas todos los meses, como el alquiler, el pago del automóvil, el seguro, los servicios públicos, el préstamo estudiantil, las plataformas, etc. Resta tus gastos fijos de tus ingresos. A continuación, resta tu mejor estimación de los gastos variables como comestibles, salir a comer, gasolina y ropa.

Independientemente del método que utilices para realizar un seguimiento de tu dinero, es de esperar que quede algo después de restar tus gastos de tus ingresos. Si es así, eso es para todas esas cosas que quieres pero que realmente no necesitas son tus ingresos discrecionales. Ahora puedes ir a comprar esas gafas de sol geniales o cenar en tu restaurante favorito. Si no queda nada, quédate en casa con un libro de la biblioteca, haz una caminata, toma esa clase de yoga gratis en el parque o encuentra alguna otra actividad saludable y gratuita. Hagas lo que hagas, ¡no sigas gastando usando la tarjeta de crédito! Lo que nos lleva al siguiente tema....

Tarjetas de crédito:

En pocas palabras: deberías tener uno; tu no debes mantener un saldo en uno.

Las compañías de tarjetas de crédito ganan dinero cuando tú mantienes un saldo en tu tarjeta. Todos los meses recibes una factura que solicita un pequeño pago mínimo que, si siempre pagas solo el mínimo, garantiza que la compañía de la tarjeta de crédito ganará mucho dinero contigo para siempre.

. . .

Por lo tanto, paga tus tarjetas de crédito todos los meses y nunca las pagues tarde, ni siquiera un día. A diferencia de tu factura de servicios públicos o un préstamo de tus padres, si te atrasas un día en el pago de la tarjeta de crédito, se te cobrará un gran recargo por pago atrasado. (Ten en cuenta que tan pronto como te des cuenta de que tu pago está atrasado, llama a la compañía de tu tarjeta de crédito, realiza el pago y discúlpate. Si se trata de un pago atrasado raro, es posible que reviertan los cargos por pago atrasado por ti.

Pero no lo hagas. No esperes que esto funcione más de una o dos veces). Si te atrasas mucho, no solo aumentará la tasa de interés de esa tarjeta, sino que es posible que la cancelen y ya no puedas usarla. Sin embargo, no creas que eso te saca del apuro.

Todavía deberá el saldo de la tarjeta (que seguirá aumentando debido a la tasa de interés más alta) y será difícil obtener otra tarjeta porque tu comportamiento irresponsable habrá sido informado a todas las agencias de crédito.

. . .

Una forma de evitar meterte en problemas con la deuda de la tarjeta de crédito es usar tu tarjeta de débito en lugar de una tarjeta de crédito. Las tarjetas de débito funcionan igual que las tarjetas de crédito, excepto que el dinero sale directamente de tu cuenta corriente. Para usarla como una tarjeta de crédito, simplemente responde "crédito" cuando el empleado te pregunte "débito o crédito". No tendrás que ingresar tu número PIN, pero seguirá saliendo de tu cuenta corriente.

Nunca debes darle a nadie tu pin y nadie debería pedírtelo, ni tu banco, ni un empleado de la tienda, y ciertamente nadie que se comunique contigo por teléfono o correo electrónico. Estate seguro cuando uses tus tarjetas de crédito o débito en línea; siempre busca un símbolo de transacción segura antes de confiarle tu información a un sitio y siempre cierra el navegador después de cerrar la sesión. Si pierdes o te roban tu tarjeta, repórtalo de inmediato.

Trata de no usar tu tarjeta de crédito para los adelantos en efectivo.

. . .

La tasa de interés para un adelanto en efectivo es mucho más alta que la tasa de interés regular de la tarjeta de crédito, además de que podría haber una tarifa adicional. Sí debes retirar un adelanto en efectivo de tu tarjeta de crédito, devuélvelo en su totalidad lo antes posible.

¿Con qué compañía de tarjeta de crédito debería ir? Eso depende de lo que sea importante para ti y de cómo planeas usar tu tarjeta. Si por lo general mantienes un saldo, entonces es deseable una tasa de interés baja. Si pagas tu tarjeta todos los meses (principalmente), entonces tal vez desees una tarjeta con beneficios como devolución de efectivo, obsequios o millas aéreas. Ve a un sitio en internet para encontrar la tarjeta adecuada para ti. O solicita una en tu banco si ofrecen una tarjeta que se pueda vincular a tu cuenta corriente. Compara precios y siempre ten en cuenta las tasas de interés y las cuotas anuales.

Revisando cuentas:

Todo el mundo debería tener una cuenta corriente y establecer una relación con un banco o una caja de ahorro y préstamo. Una cuenta corriente te brinda un lugar seguro para depositar tus cheques de pago. La mayoría de los bancos también tienen opciones de pago de facturas que le permiten pagar tus facturas en línea, ahorrándote sellos y cheques, incluso ahora muchos bancos cuentan con su propia aplicación móvil y desde ahí también se pueden hacer varios movimientos.

Por lo tanto, elige un banco que esté cerca de ti y que tenga cuentas de cheques gratuitas. Abre una cuenta (necesitarás una cantidad mínima, digamos $100 más o menos) y solicita cheques. Si puedes, abre una cuenta de ahorros al mismo tiempo. Usa esa cuenta de ahorros como el lugar para pagarte a ti mismo primero: 10% si puedes cambiarlo. Conecta las dos cuentas y designa tu cuenta de ahorros como respaldo de tu cuenta corriente en caso de que accidentalmente sobregires tu cuenta corriente. Te evitará pagar grandes cargos por sobregiro.

Si tu empleador te ofrece un depósito directo, tómalo. De esa manera, tu dinero estará disponible para ti el mismo día que te pagan, sin esperas ni sobregiros si no puedes ir al banco el día de pago para cobrar tu cheque.

. . .

Puedes administrar tu cuenta en línea en tu teléfono inteligente o en tu computadora. Realiza un seguimiento de tu saldo visualizándolo en línea o lleva una chequera detallada y compárala todos los meses. (No olvides registrar cualquier transacción que realices con tu tarjeta de débito; piensa en ello como escribir un cheque virtual). Los errores bancarios son pocos y esporádicos, pero suceden ocasionalmente, por lo que todavía me gusta equilibrar mi chequera.

Llámame fanático del control.

Si también eres un fanático del control, aquí hay un tutorial rápido sobre cómo equilibrar tu chequera. No es difícil. Toma tu estado de cuenta mensual del banco y compáralo con tu chequera.

1. Primero, ve a la sección de depósito del estado de cuenta. Para cada depósito que figura en el estado de cuenta, busca la misma transacción en tu chequera y coloca una marca de verificación después. (Nota: si un depósito figura en el estado de cuenta pero olvidó registrarlo en tu chequera, simplemente hazlo ahora, junto

con una marca de verificación después). Saca tu calculadora y suma los depósitos. anotados en tu chequera que no tienen una marca de verificación después de ellos (habrían ocurrido en o después de la fecha en el estado de cuenta). Ahora agrega esa cantidad al 'Saldo final' en tu estado de cuenta.

2. A continuación, ve a las secciones 'Cheques pagados' y 'Pagos electrónicos' en el estado de cuenta y haz lo mismo: yaz coincidir cada entrada con una en tu chequera y coloca una marca de verificación después. (Una vez más, si olvidaste ingresar un cheque o débito o un retiro de efectivo, regístralo en tu chequera ahora y coloca una marca de verificación después en tu declaración.

3. Este es un buen momento para sumar a su chequera cualquier interés que el banco le haya pagado y restar cualquier cargo que te hayan cobrado y que probablemente no sabías hasta que recibiste tu estado de cuenta. Ahora tienes tu declaración final del balance de tu chequera.

. . .

4. Compara el nuevo 'saldo final' en tu estado de cuenta (el número final del estado de cuenta más los depósitos no verificados del Paso 1 y los débitos no verificados del Paso 2) con el nuevo saldo de tu chequera. Si no coincide y eres un fanático del control como yo, volverás a verificar cada número hasta que se reconcilien. Te volverá loco hasta que encuentres la entrada que falta o el error de suma/resta. O... si no eres un fanático del control, simplemente ajusta tu chequera y anótalo como uno de los grandes misterios del universo.

Hagas lo que hagas, ya sea que controles tu chequera manteniendo buenos registros y balanceándola o simplemente la verifiques en línea, trata de nunca sobregirar tu cuenta bancaria. Los cargos por sobregiro pueden ser elevados: $35 o más. Pero los errores ocurren, especialmente cuando los presupuestos son ajustados. Si está sobregirado, resuelve la situación lo antes posible. No afectará tu calificación crediticia a menos que ignores la situación y el banco se vea obligado a entregarlo a cobranza.

Puntuaciones de crédito:
Si alguna vez solicitaste una tarjeta de crédito,

obtuviste un préstamo o abriste una cuenta bancaria, tienes un puntaje de crédito.

Los acreedores, los propietarios e incluso los empleadores pueden usar tu puntaje de crédito como una herramienta para determinar tu confiabilidad financiera. Un buen puntaje de crédito puede obtener una tasa de interés más baja en tu préstamo de automóvil (o hipoteca). Un puntaje de crédito malo puede costarte el automóvil o el apartamento que deseas. Por lo tanto, te conviene monitorear tu puntaje de crédito y esforzarte por mejorarlo.

Tu puntuación de crédito NO se basa en tu edad ni en tus ingresos ni en cuánto dinero tienes en el banco. Se basa en la cantidad de deuda que tienes, si estás tratando de endeudarte demasiado o no, y tu confiabilidad y puntualidad en el pago de tus deudas.

Es importante asumir algunas deudas y establecer un crédito. Una persona sin tarjetas de crédito puede considerarse de mayor riesgo que alguien que ha administrado sus tarjetas de crédito de manera responsable.

Para demostrar que eres responsable, debes ser celoso en el pago de tus facturas a tiempo, especialmente las facturas relacionadas con bancos o tarjetas de crédito, donde incluso un día de retraso puede generar una multa y afectar tu puntaje.

Otros consejos para mejorar tu puntaje incluyen mantener tus saldos de crédito bajos en relación con el crédito disponible en la tarjeta y siempre hacer más que el pago mínimo cada mes.

No abras demasiadas cuentas (lo sé, las ventajas de una tarjeta de las doradas son muy tentadoras), especialmente durante un corto período de tiempo o si tiene un historial de crédito corto, y no mueva saldos de una cuenta a otra. Las relaciones de tarjetas de crédito más antiguas se valoran, mientras que la apertura de un nuevo crédito reduce tu puntaje.

Si tienes algunos problemas con las deudas y ha afectado tu puntaje crediticio, no te desesperes. Simplemente toma el control de la situación revisando tu informe crediticio (tienes derecho a un informe crediticio gratuito cada año más otro gratuito cada vez que han sido rechazados para recibir crédito) y corregir cualquier error en el mismo. A continuación, instituye prácticas responsables, como pagar las facturas a tiempo y reducir tu deuda. Los problemas de crédito más antiguos cuentan menos a medida que pasa el tiempo; los buenos patrones de pago recientes se consideran favorables y aumentarán su puntaje con el tiempo.

Impuestos:

La mayoría de las personas que conozco temen la hora de los impuestos. Puedes minimizar las molestias conociendo los formularios y la información que necesitarías para hacer tus impuestos y luego manteniendo todo junto en un solo lugar (y no me refiero al bote de basura). Guardo una carpeta marcada como 'IMPUESTOS' en mi escritorio.

Los sobres comenzarán a llegar en enero de empleadores, bancos y compañías de inversión que contienen formularios con nombres como W-2, 1098 o 1099. Ponlos en tu carpeta de impuestos. Si haz realizado donaciones durante el año, obtén recibos y guardalos también en tu carpeta de impuestos. Ten en cuenta que si vives en un estado que no tiene impuestos estatales sobre la renta (FL, NV, TX, WA, TN, NH, AK, SD, WY), puedes deducir los impuestos sobre las ventas que pagaste durante todo el año. Hay una deducción estándar para ello, pero si haz realizado una compra importante en algún momento del año (un automóvil, por ejemplo), podrías beneficiarse del desglose.

Deberás presentar un formulario de impuestos sobre la renta federal y un formulario de impuestos sobre la renta estatal (a menos que viva en uno de los estados sin un impuesto sobre la renta mencionado anteriormente, en cuyo caso solo deberá presentar un formulario federal) el 15 de abril de cada año o antes. año. Puedes hacer tus propios impuestos o puedes usar un preparador de impuestos. Si lo haces tú mismo, puedes descargar los formularios desde una computadora y desde el sitio web de tu estado de origen o puedes usar un software de preparación de impuestos, existen varios de ellos. El uso de un preparador de impuestos profesional puede costar un poco más, pero podría ahorrarte dinero a largo plazo sí pueden señalar las deducciones que omitiste.

. . .

El hecho de que debas o no dinero al momento de presentar tus impuestos u obtengas un reembolso de impuestos dependerá de una combinación de unas cuántas exenciones de reclamó en el trabajo, el estado en el que vives, cuánto dinero ganas (qué categoría impositiva participa) y para cuántas deducciones eres elegible.

Para reducir la posibilidad de que debas dinero cuando llegue el momento de pagar los impuestos, reclama cero exenciones en el formulario que completes en el trabajo. (Ten en cuenta que todos los empleados deben completar un formulario cuando son contratados para que el empleador pueda retener los impuestos sobre la renta correctos del cheque de pago del empleado. Puedes completar un nuevo formulario cada vez que cambie tu situación, p. si se casa o tiene un hijo, también ten en cuenta que cada país tiene sus propias leyes sobre los impuestos, te sugiero que cheques la información que cada uno). Cada persona tiene derecho a una exención, más una exención para un cónyuge y cada hijo menor de 18 años que mantengan. Reclamar menos exenciones de las que tiene derecho garantiza que su empleador extraiga más que suficientes impuestos de cada cheque de pago para que, cuando presente sus impuestos de fin de año, idealmente obtenga un reembolso en lugar de adeudar dinero.

Por otro lado, es posible que prefieras pagar solo los impuestos que debes, tranquilo sabiendo que has ahorrado lo suficiente para compensar cualquier déficit.

Si ese es el caso, reclama las exenciones a las que tiene derecho e iguala con el gobierno en el momento de los impuestos.

Trata de no esperar hasta el último minuto para hacerlo. Si estás utilizando un preparador de impuestos profesional, permíteles tus impuestos por días, o mejor aún semanas, para hacer su trabajo. Comenzar temprano permite suficiente tiempo para encontrar esos documentos perdidos o extraviados inevitablemente o para obtener copias si no se pueden encontrar los originales. Si esperas un reembolso, lo mejor para ti es enviarlo con anticipación. Si debes dinero, simplemente puedes esperar hasta el 15 de abril para enviar tu formulario de impuestos y pago.

Ahorro/Inversión/Composición:

Aquí hay un dato al que desearía haber prestado más atención cuando tenía 20 años: ¡comienza a ahorrar, invertir y aumentar tus ganancias AHORA MISMO! Toma parte de ese 10% (o la cantidad que hayas logrado ahorrar) e inviértelo. Cualesquiera que sean los intereses o dividendos que ganes, inviértelos también. Se llama capitalización y es el secreto para aumentar exponencialmente tu riqueza sin importar con qué poco comiences.

Este es un ejemplo del poder de la capitalización con el tiempo, cortesía de una importante plataforma.

Un joven ficticio de 19 años comenzó a depositar $2,000 al año en una cuenta IRA (a una tasa de crecimiento promedio del 10 %, 7 % de interés más el crecimiento) hasta los 26 años. En ese momento, dejó de agregar al fondo y simplemente se olvidó de él. Su mejor amigo esperó hasta los 26 años para comenzar su IRA (en lugar de eso, compró un automóvil y gastó su dinero en salir con chicas), pero luego agregó $2,000 fielmente cada año hasta los 65 (a la misma tasa de crecimiento supuesta). ¿Cuál crees que tenía más dinero a los 65? ¡Increíblemente, es el que comenzó a los 18 y solo hizo 7 pagos! Aunque solo invirtió $14,000 en total ($2,000/año por 7 años), su inversión a los 65 años valía $930,641. Su amigo invirtió $80,000 ($2,000/año durante 40 años) y terminó a los 65 años con $893,704. Ese es el poder de capitalizar y comenzar temprano.

Hay varias formas/lugares para invertir tu dinero. Puedes participar en el programa 401K de tu empresa o SEP (pensión de empleado simplificada) si se ofrece uno. Si la empresa ofrece algún tipo de emparejamiento, definitivamente debería participar, ¡es dinero gratis! También puedes abrir tu propia IRA ya sea a través de tu banco, compañía de fondos mutuos o a través de una empresa de inversión.

Derrochadores de dinero:

Aquí hay un par de formas muy innecesarias de desperdiciar tu dinero. Llamó a la categoría, 'también podrías encenderle un fósforo'.

Cargos por sobregiro o sobre límite. Estos son cargos que los bancos y las compañías de tarjetas de crédito cobran cuando tu sobregiras tu cuenta corriente, excedes el límite de tu tarjeta de crédito o realizas un pago atrasado en tu tarjeta de crédito. Las tarifas oscilan entre $35 y $50 por cada incidente. En esta época en la que puedes acceder a tus cuentas en tu teléfono o en tu computadora, no hay razón para no saber cuándo tu cuenta se está agotando o cuándo vence tu pago. Regístrate para recibir alertas sobre todas tus cuentas bancarias y de tarjetas de crédito y recibirás un mensaje de texto o correo electrónico cuando venza un pago o cuando una cuenta tenga menos de $100.

Estacionamiento, exceso de velocidad o cualquier tipo de multa de tránsito. Nos pasa a todos. Nos acercamos a nuestro automóvil estacionado y vemos el temido papel debajo de nuestro limpiaparabrisas y ondeando al viento. Maldita sea, una multa de estacionamiento. Luego buscamos el letrero de la calle que nos perdimos que nos habría dicho que era un espacio de estacionamiento de 20 minutos o que no se permite estacionar los jueves para limpiar las calles. Para minimizar el desperdicio de dinero en multas de estacionamiento, verifica si hay un letrero cada vez que estaciones, mantén un rollo de monedas de veinticinco centavos en tu automóvil para los medidores, configura la alarma en tu teléfono para que te avise cuando te queden 10 minutos en tu tiempo asignado o medidor, y sospecha más cuando seas el único automóvil estacionado en un lado de la calle. Para evitar multas por exceso de velocidad…. no aceleres.

Evitar cualquier otra multa de tráfico (semáforo en rojo, paso de peatones, etc.) significa que debes mantener tu atención en la conducción en lugar de en tu teléfono, en tu comida, en tu reflejo en el espejo o en los pasajeros de tu automóvil.

4

Los Coches

La mayoría de nosotros soñamos con los autos geniales que queremos conducir y poseer. Cuando se trata de autos, todos tendemos a querer más autos de los que podemos pagar.

Vemos los anuncios de autos nuevos en la televisión y queremos todos los extras más recientes como Bluetooth, navegación y entrada sin llave. Además, vienen en colores tan impresionantes.

Ahora viene la realidad. Los automóviles son costosos, probablemente tu mayor gasto después del alquiler, por lo que deberás ser inteligente con respecto a cuál comprar.

. . .

Idealmente, deseas el mejor automóvil que puedas pagar que aún sea seguro, confiable y que retenga el mayor valor cuando sea el momento de venderlo.

Diferentes autos atraen a las personas por diferentes razones. A mi hija le encanta su coche por el tamaño y el estilo. Existe una marca de automóvil japonés tienen tracción total y pueden atraer a las personas que conducen en las montañas o en la nieve. Los de los colores rojo, azul y blanco nuevos son una maravilla para conducir y vienen con mantenimiento gratuito durante los primeros cuatro años o 50,000 millas, una gran característica (y que hemos aprovechado varias veces). Existen otros que son autos de desempeño asequibles. Encuentra el automóvil que mejor se adapte a tus necesidades, tu gusto y tu presupuesto.

Dos fabricantes de automóviles que tienen una gran reputación por su confiabilidad, bajos costos de mantenimiento y por mantener su valor son: los japoneses. Eso no quiere decir que otros autos no sean deseables, sino que estás marcas obtienen calificaciones altas en las tres categorías mencionadas anteriormente.

. . .

Para comprar o arrendar:

Así que aquí están tus opciones:

1) Puedes tomar el dinero que has ahorrado ($3,000? $5,000? ¿has ahorrado algo?) y buscar un auto usado que puedas pagar en efectivo. Puede tener una década de antigüedad o tener algunas abolladuras o raspaduras, pero será tuyo y no tendrás ningún pago de automóvil mientras lo tengas.

Si optas por este camino, es importante comprar un automóvil que tenga una buena reputación de confiabilidad, lo que significa bajos costos de mantenimiento. Trata de mantenerte alejado de los autos usados de alta gama que tienen muchas campanas y silbatos. Esas campanas y silbatos son geniales, pero pueden ser muy costosos de arreglar. Nuestro hijo aprendió esa lección de la manera más difícil. Se enamoró de un coche caro, cargado con suspensión neumática de 10 años. Era un automóvil muy bueno, pero sus facturas de reparación en los primeros dos años excedieron lo que pagó por el automóvil originalmente.

2) O... puedes comprar un auto nuevo, casi nuevo o usado certificado. Utiliza el dinero que has ahorrado como pago inicial y solicita un préstamo para automó-

vii. Es posible que puedas obtener un préstamo a través de un concesionario, tu propio banco u otra fuente. Consulta por ofertas o descuentos para estudiantes o recién graduados. Ve si alguno de los concesionarios cerca de ti ofrece 0% de interés o una tasa de interés baja. Recuerda que cuanto mayor sea tu pago inicial, menor será tu pago mensual y viceversa.

3) La última opción es alquilar un coche. El arrendamiento te permite obtener más automóvil por tu dinero (lo cual es excelente), pero al final del arrendamiento, no tiene nada que no seas dueño de un automóvil que puedas vender o cambiar por otro vehículo (lo cual no es tan bueno).

Los plazos de arrendamiento pueden variar de dos a seis años pero, en mi opinión, el punto óptimo para un arrendamiento es de tres años porque es en ese momento cuando el automóvil comienza a necesitar reparaciones y a depreciarse más rápido. Arrendamientos vienen con kilometraje. asignaciones (típicamente 10,000/, 12,000/, o 15,000/millas por año). Cuando rentar, me gusta planificar más millas de las que creo que necesitaré; es más barato agregarlo al principio en forma de un pago mensual más alto que pagar por milla al final del arrendamiento si supera su asignación. Lee la letra pequeña antes de firmar un contrato de arrendamiento para que tengas claro los posibles cargos adicionales al momento de la entrega. Se te puede cobrar por 'desgaste excesivo' y abolladuras o rayones profundos, grietas en las ventanas o tapicería rasgada. Algunas compañías tienen una tarifa de disposición o una tarifa de entrega. A menudo, lo renunciarán si les alquila otro automóvil. Lo llamo 'tarifa por no ser leal' y lo considero excesivo, pero esa es solo mi opinión. Terminar un contrato de arrendamiento antes de tiempo puede ser muy costoso, así que asegúrate de estar dispuesto y ser capaz de conservar el automóvil durante todo el período de arrendamiento. Nuestra hija alquila su coche. Le permite tener un automóvil confiable y seguro por alrededor de $200 al mes sin preocuparse por las costosas facturas de reparación.

Ten en cuenta el arrendamiento debido al hecho de que los precios del arrendamiento dependen tanto del valor residual del automóvil al final del período de arrendamiento, que es posible que pueda arrendar un automóvil premium a una tarifa comparable a la de un automóvil básico. También debes saber que los arrendamientos se pueden negociar de la misma manera que se puede negociar la compra de un automóvil.

Compara ofertas y no caigas en la estratagema que se usa con frecuencia de que la oferta que te ofrecen es válida solo para ese día. Si no se te permite irte a casa y dormir en una decisión de compra grande, como un automóvil, entonces no querrás tratar con ese vendedor o concesionario.

Si todavía no estás seguro si comprar o arrendar, aquí tienes una sugerencia: encuentra un automóvil que te interese, siéntate con un vendedor y acuerda un precio de compra para el automóvil. (Los vendedores de autos odian hacer esto, pero pregunta de todos modos). Luego pídeles que calculen los pagos de dos maneras: como compra y también como arrendamiento (y asegúrate de que incluyan impuestos y costos de registro en las cotizaciones finales).

Diles cuánto estás dispuesto a dar de enganche por el vehículo (no siempre tienes que poner dinero de enganche, pero reduce tus pagos mensuales, te ayuda a obtener una mejor tasa de interés en tu préstamo/arrendamiento y reduce la posibilidades de volcarse en tu automóvil, es decir, deber más de lo que vale). Luego compara las ofertas. Si compras, ten en cuenta la duración del plazo y la tasa de interés. Si arriendas, ten en cuenta la duración del contrato de arrendamiento y el millaje anual permitido.

En la mayoría de los casos, el arrendamiento tendrá un costo mensual más bajo porque la cantidad financiada es solo el valor de unos pocos años del valor del automóvil (el plazo del arrendamiento), mientras que la cantidad financiada en un préstamo es por el precio total de compra del automóvil. Sin embargo, recuerda que al final del contrato de arrendamiento no tienes nada, mientras que al final del préstamo tienes un automóvil pagado con cierto valor.

En caso de que no lo hayas notado, he estado suponiendo que comprarás o arrendarás tu automóvil a través de un concesionario. Comprar en un concesionario de buena reputación tiene algunas ventajas para un comprador sin experiencia. Primero, el concesionario se encargará del papeleo, el financiamiento y el registro. En segundo lugar, tiene un lugar al que puede ir si tiene un problema con el automóvil. Las reputaciones son importantes para las empresas locales, por lo que es poco probable que te engañen a propósito o te den un coche de limón.

· · ·

Dicho todo esto, comprarle a un individuo puede ser una forma más económica de hacerlo. Si encuentras un automóvil en línea que te encanta y que está dentro de tu rango de precios, te recomiendo que lleves a tu mejor amigo aficionado a los cambios cuando vaya a ver el automóvil. Ten cuidado con lo siguiente:

1. Conduce el coche y escucha cualquier sonido que no sea el agradable ronroneo de un motor en funcionamiento. Si el automóvil no cambia suavemente entre marchas, podría haber un problema con la transmisión. Las transmisiones son costosas de reparar o reemplazar, por lo que es posible que desees alejarte de ahí.

2. No debería salir humo del escape al arrancar o mientras está funcionando y no creas a nadie que te diga que no es gran cosa si lo hay. No es normal y es un gran y costoso negocio.

3. Lo mismo ocurre con las fugas de cualquier tipo de líquido (que no sea agua) en el suelo debajo del automóvil. Aléjate y no mires atrás.

. . .

4. Enciende el aire acondicionado para asegurarte de que funcione. Si dicen que solo tiene que ser recargado, otra vez, aléjate. Si el problema fuera asi de sencillo lo habrian arreglado ellos mismos antes de incluir el coche en la lista.

5. Mira la banda de rodadura de las llantas para asegurarte de que no sea necesario reemplazarlas. Un nuevo juego de llantas costará entre $600 y $800. Desgaste desigual de los neumáticos (más desgaste en el interior o en el exterior de los neumáticos delanteros) puede ser una indicación de suspensión, golpes o problemas de alineación.

6. Solicita al vendedor los registros de mantenimiento del automóvil. Alguien que haya sido diligente con los cambios de aceite y el mantenimiento debe tener los registros para probarlo.

7. Ejecuta un rastreo en la página del gobierno sobre el automóvil para ver si ha tenido algún accidente o ha tenido reparaciones importantes que el vendedor no está revelando. (Después del huracán Katrina, los autos usados llegaron al mercado que se había inundado y los vendedores sin escrúpulos no se daban por vencidos. En la mayoría de los casos, un rastreo habría

iluminado a cualquier comprador lo suficientemente inteligente como para verificar). Todo lo que necesitas para ejecutarlo es el número VIN del automóvil, que se puede encontrar en el lado del conductor del tablero.

Recuerda el viejo adagio, Cuidado con el comprador. Nadie puede garantizar que un automóvil usado no tendrá problemas, pero tú puedes reducir las posibilidades haciendo tu debida diligencia.

No importa dónde compres tu automóvil, especialmente si estás comprando un automóvil usado, querrás asegurarte de que estás pagando un precio justo por el automóvil. Puede buscar precios justos de mercado en internet.

Pagar demasiado por un automóvil puede ponerte en un aprieto si has pedido un préstamo por el automóvil, porque podrías terminar patas arriba con el automóvil. Esto significa que debes más de lo que vale el automóvil y cuando vayas a venderlo, tendrás que aportar dinero extra para pagar el préstamo. Una forma de evitar esto es asegurarte de que tu pago inicial sea lo suficientemente grande. Solo la compra de automóviles con un buen valor residual también ayuda.

Finalmente, no compres más autos de los que puedes pagar cómodamente.

Seguro de auto:

Tu auto es una de las mayores compras, después de tu casa, qué harás. Protege esa compra y a ti mismo con un seguro de automóvil. (Si no eres propietario absoluto de tu automóvil, lo que significa que lo arrendaste o tienes un préstamo sobre el automóvil, deberás tener un seguro de automóvil y deberás proporcionar prueba de seguro a la compañía de préstamo/arrendamiento). ¿Qué tipo y el monto del seguro dependerá de sus circunstancias y del automóvil que estés asegurando? Lo creas o no, puede ser demasiado seguro.

Comencemos con algunos términos de seguros de automóviles que seguramente encontrarás y deberás comprender:

Deducible: La cantidad que debes pagar antes de que el seguro entre en vigencia. Si tienes un deducible de $500, tu pagas los primeros $500 en daños y la compañía de seguros paga los costos aprobados por encima de eso.

Seguro de responsabilidad civil: seguro que cubre los daños que tu causes a otra persona mientras conduces tu vehículo. Existe la responsabilidad por lesiones corporales que cubre las facturas médicas, la pérdida de ingresos y el dolor y el sufrimiento, y la responsabilidad por daños a la propiedad que cubre los daños al vehículo o la propiedad de otra persona (casa, cerca, buzón o cualquier otra cosa que haya golpeado).

Protección contra lesiones personales: seguro que cubre las facturas médicas para ti y los ocupantes de tu vehículo si sufres un accidente que tú mismo provocaste.

Seguro de todo riesgo: Seguro que cubre daños a tu vehículo, o a cualquier vehículo que conduzca, debido a un incidente que no sea un accidente (robo, incendio, inundación, vandalismo, etc.).

. . .

Seguro de colisión: seguro que paga los daños a tu vehículo debido a un accidente.

Cobertura para personas sin seguro y con seguro insuficiente: seguro que cubre tus facturas médicas (y otras en tu vehículo) si un accidente es causado por alguien que no tiene seguro.

Prima: la cantidad de dinero pagada a una compañía de seguros en un año a cambio de un seguro. El monto se puede pagar por adelantado o en cuotas, generalmente mensuales.

Todos deberían, como mínimo, comprar un seguro de responsabilidad civil, que cubra los daños que tu le causes a otra persona. En algunos estados, la ley exige un seguro de responsabilidad civil.

A continuación, deseas un seguro para ti y tu vehículo.

Obtén protección contra lesiones personales (médica) para cubrir las facturas médicas, la pérdida de salarios o (Dios no lo quiera) el funeral para ti o cualquier persona en tu vehículo.

La decisión de obtener o no un seguro Integral y de Colisión dependerá del valor de su automóvil. ¿Podrías permitirte el lujo de reemplazar tu automóvil mañana si tuvieras un accidente y lo destrozara?

Si la respuesta es 'no', entonces probablemente deberías obtener un seguro integral y de colisión. Si tienes un contrato de arrendamiento o un préstamo, definitivamente necesitarás comprar un seguro integral y de colisión para que, si tienes un accidente, la compañía de seguros pague la reparación o el reemplazo del automóvil (después de que pague el deducible) y tu no tendrás que pagar un pago mensual por un automóvil que está en el depósito de chatarra.

El seguro Gap (seguro de protección de automóviles/activos garantizados) cubre la diferencia entre lo que una compañía de seguros permite por tu automóvil destrozado y la cantidad que debes por el automóvil, ya sea un préstamo o un arrendamiento. En otras palabras, si totalizas el auto nuevo que compró por $20,000 hace solo tres meses y la compañía de seguros solo lo valora en $18,000 porque ahora es un auto "usado", tú serás responsable ante el banco por la diferencia de $2,000. Este seguro que es muy razonable a unos $20-30/año, cubriría esa diferencia por ti. El seguro es especialmente útil en automóviles nuevos cuando tu no has puesto un gran pago inicial en un coche. Algunas empresas de arrendamiento incluso lo requieren. Si estás interesado en comprar un seguro, generalmente es menos costoso a través de tu compañía de seguros que a través del concesionario de automóviles.

Puedes elegir el monto del deducible de tu seguro. Cuanto más alto sea, más barato será tu seguro.

Hazlo tan alto como puedas permitirte cómodamente. Recuerda, tienes que pagar el deducible por cada incidente. Los montos deducibles típicos son $250, $500 o $1,000.

Si estás involucrado en un accidente con otro vehículo, siempre llama a la policía. La policía escribirá un informe de accidente que incluirá toda la información que tu compañía de seguros requerirá para pagar un reclamo. Incluso también puedes llamar a la compañía de seguros, para que en ese momento vayan y vean que sucedió y entre tu compañía y la del otro coche, se podrán arreglar.

Mantenimiento del auto:

¡Cambia tu aceite! Si solo tuviera un consejo para el mantenimiento del automóvil, sería ese. Tu auto explotará si no haces esta simple tarea. (Está bien, tal vez no explote, pero podría arruinar algo que podría ser muy costoso de arreglar). Piénsalo de esta manera: necesitas comida para seguir adelante; Tu coche necesita aceite para seguir adelante. Puedes llevarlo a un concesionario o a cualquier estación de servicio que ofrezca un cambio de aceite.

(Puedes cambiarlo tú mismo; sin embargo, deberás desechar el aceite viejo correctamente y eso puede ser más problemático y costoso de lo que vale). Consulta el manual del propietario para averiguar cuántas millas puede conducir entre cambios de aceite y cumple con ello estrictamente.

El manual también te dirá qué tipo de aceite usar, sintético o regular. En la mayoría de los lugares, después de que te cambien el aceite, colocarán una calcomanía en la esquina izquierda de tu parabrisas que te indicará cuándo deberás cambiarlo (si no lo ofrecen, solicítalo). No ignores esa pegatina.

El momento del cambio de aceite es un buen momento para revisar algunas otras cosas, como los otros líquidos del automóvil (lavaparabrisas, transmisión, frenos, etc.). Revisa las bandas de rodadura de tus llantas. Si tus llantas se desgastan demasiado o tienen un punto calvo o liso, son propensas a deslizarse o pincharse. También revisa tus limpiaparabrisas.

Si están dejando rayas, vuelve a reemplazarlos. No solo es molesto tratar de ver a través de las rayas, sino que también puede ser peligroso si tu visibilidad está restringida.

Lava tu auto regularmente. Con el tiempo, la arena y la mugre arruinarán la pintura de un automóvil y harán que se oxide. Mantenerlo limpio y encerado protege la pintura. La frecuencia dependerá de dónde vives y de si tu automóvil está estacionado en un garaje o al aire libre. Como recomendación muy general, lava tu auto cada dos semanas y encéralo dos veces al año.

. . .

Si tiene asientos de cuero, usa un buen acondicionador en ellos una vez al año. Mantendrá el cuero limpio y flexible y evitará que se agriete.

Soluciona todos los demás problemas de manera oportuna. Si tienes una ventana que no sube y baja o una manija de la puerta que está rota, pronto comenzarás a pensar en tu automóvil como un pedazo de chatarra y lo trataras como tal. El valor de tu automóvil como intercambio disminuirá drásticamente.

Aquí hay algunos sonidos a los que debes prestar atención y ese servicio de señal es necesario. Si tus frenos comienzan a rechinar, necesitarás pastillas de freno nuevas. Los frenos son un área donde los mecánicos sin escrúpulos pueden cobrarte de más. Los trabajos de frenos delanteros no deben exceder los $300.

Por experiencia personal, también puedo decirte que si tu motor comienza a hacer un fuerte golpeteo,

DETENTE inmediatamente. No conduzcas hasta la salida más cercana, incluso si estás a solo una o dos millas de distancia, o venderás tu automóvil al chatarrero y alquilarás un automóvil para hacer el resto del camino a casa. Confía en mí esta vez. (¿Recuerdas, la historia?)

Por último, mantén todos tus registros de servicio. Si vendes el automóvil y cuando lo hagas, podrás mostrarle a un comprador potencial que has sido diligente en su mantenimiento.

Servicio de carretera:

Recomiendo enfáticamente comprar un plan de servicio de carretera como AAA para esas molestas emergencias en la carretera que surgen: pinchazo, falta de gasolina, llaves bloqueadas en el auto, golpeteo en el motor, etc. Una llamada para cualquiera de los servicios anteriores puede hacer que AAA tenga una cuota anual que vale la pena.

(Además, puedes usarlo para obtener descuentos en hoteles y otros negocios). Como un seguro, te da tranquilidad. Algunos autos vienen con servicio de carretera y tiene sentido utilizar ese beneficio gratuito en lugar de pagar extra por AAA.

Registro y Pruebas de Emisiones:

Tendrás que registrar tu automóvil en tu estado de residencia cuando lo compres y todos los años a partir de entonces mientras lo tengas. Cada estado es diferente en cuanto a cuánto cuesta y si requieren pruebas de emisiones o no. Puede visitar el sitio web del DMV (Departamento de Vehículos Motorizados) de tu estado o encontrarás las respuestas a esas preguntas cuando recibas la renovación de tu matrícula por correo.

Es posible que puedas renovar en línea, pero si no, tendrás que ir al DMV más cercano y esperar en la fila. Si tienes AAA, puedes llamar para ver si una oficina cerca de ti maneja las renovaciones de registro. Muchas veces los tiempos de espera en AAA son mucho más cortos que en el DMV. Una vez que hayas pagado la tarifa de renovación, el DMV te enviará por correo una pequeña calcomanía y te indicará que la pegues en la esquina de tu placa. Haz esto de manera oportuna y le darás a la policía una razón menos para detenerte en una parada de tráfico.

. . .

Cabe aclarar que hay otros países como en México que debes estar al pendiente de cada vez que se tenga que llevar el coche a verificar y ahí mismo te ponen la estampa que debe de ir en el coche, también analizan de qué año es, las condiciones en las que está, etc. Aproximadamente tiene un costo de 600 - 700 pesos mexicanos.

Artículos de emergencia:

Tu vehículo debe venir con una llanta de refacción y un gato. Hazte un favor e invierte en una linterna para tu auto. Los cables puente pueden resultar útiles, pero no son imprescindibles, especialmente si ha invertido en un servicio de carretera como AAA.

Si vives en un clima frío, asegúrate de preparar tu auto para el invierno.

Cuando lleves tu automóvil para un cambio de aceite, asegúrate de que tu anticongelante sea bueno a menos 20-30 grados Fahrenheit. Llena el líquido del limpiaparabrisas y coloca el resto en el maletero para rellenarlo en climas fangosos. Los neumáticos para todas las estaciones están bien para algunos climas, pero si vives en un área donde nieva mucho, no puedes golpear los neumáticos de nieve por seguridad. Solo necesitas dos llantas para nieve: la delantera para automóviles con tracción delantera o la trasera para automóviles con tracción trasera. Los neumáticos para la nieve en mi coche fueron la diferencia entre subir a mi camino de entrada o no en un invierno típico de Wisconsin.

Mantén un raspador o un cepillo para nieve en tu coche durante todo el invierno. Y es una buena idea tener también una manta, botas, guantes y un gorro de invierno en caso de que tu automóvil se atasque y tengas que salir a buscar ayuda o caminar.

Si vives en un área propensa a los terremotos, es posible que desees tener una bolsa de emergencia en tu automóvil. Una maleta debe contener un par de jeans, tenis y una chaqueta junto con algo de agua y comida de emergencia (¿barras energéticas?). Podrías ir todo preparado y hablar sobre radios de emergencia, cargadores solares, purificadores de agua y defensa personal, pero eso es para otro momento y otro libro de instrucciones.

. . .

Consejos de seguridad al conducir:

No bebas y manejes. Obviamente. Todos conocemos las consecuencias de obtener una multa. No solo le costará el precio del boleto, sino posiblemente también tu licencia.

¿Cómo vas a llegar todos los días a tu trabajo para pagar esa multa si no puedes manejar tu auto? Tu seguro de automóvil también puede verse afectado. Algo que quizás no hayas considerado es el costo para tu conciencia. ¿Cómo te sentirías si causaras un accidente que dañara a alguien cuando tuvieras alcohol en tu sistema? Incluso si fuera un verdadero accidente, siempre te preguntarías si tus reflejos habrían sido un poco más rápidos si hubieras estado sobrio. Por último, un accidente que cause lesiones o la muerte cuando has tenido alcohol en tu sistema es un delito penal. Estar arrepentido no te salvará de pagar tu deuda con la sociedad en la prisión; tomaste la decisión de beber y conducir, por lo que eres responsable.

No envíes mensajes de texto mientras conduces. Si pensabas que beber y conducir era malo, los estudios han demostrado que enviar mensajes de texto y conducir es seis veces más peligroso. Los mensajes de texto te perjudican visualmente al hacer que desvíes la vista de la carretera, manualmente al quitar las manos del volante y cognitivamente al distraer tu mente de la conducción.

De acuerdo con la Administración Nacional de Seguridad del Tráfico en las Carreteras (NHTSA), "enviar o recibir un mensaje de texto quita un ojo del conductor de la carretera durante un promedio de 4,6 segundos, el equivalente, cuando se viaja a 55 mph, de conducir la longitud de un campo de fútbol americano completo con los ojos vendados".

Usa tu cinturón de seguridad. No solo es una ley en la mayoría de los estados, sino que los cinturones de seguridad son la forma más efectiva de protegerse en un choque. Lo más importante es que los cinturones de seguridad lo mantienen dentro de la jaula protectora del automóvil. Tu probabilidad de morir aumenta cuatro veces si te arrojan del auto.

Vigila tu velocidad, especialmente en estacionamientos y zonas escolares. Los estacionamientos son caldos de cultivo para los accidentes automovilísticos debido al hecho de que los autos que salen marcha atrás de los lugares de estacionamiento tienden a tener muy poca visibilidad. Si estás conduciendo por un estacionamiento y ves un automóvil con las luces de reversa encendidas, no lo rodees agitándole el puño porque tiene el derecho de paso. Detente y déjalos salir de manera segura y espera que tú recibas el mismo trato la próxima vez que tengas problemas de visibilidad por estar estacionado entre dos enormes SUV.

Usa el carril izquierdo para rebasar solamente. De acuerdo, lancé esta simplemente porque es una de mis manías favoritas. Me siento tan frustrado cuando los conductores se sientan en el carril izquierdo bloqueando el tráfico completamente ajenos a la fila de autos que se amontonan detrás de ellos. Conduce en los carriles del medio o de la derecha y guarda el carril izquierdo para rebasar. Ahí me siento mejor.

5

Encontrar Un Trabajo

Dónde buscar:

Internet ha cambiado la búsqueda de empleo para siempre al crear numerosos sitios web para conectar a los empleadores con los empleados. Estos sitios cambian constantemente, así que no consideres que la lista de este buscador de trabajo sea exhaustiva. Debes saber que diferentes industrias tienen sitios de trabajo dedicados exclusivamente a su campo. Si tienes una empresa específica en la que estés interesado en trabajar, ve directamente a su sitio para conocer las ofertas de trabajo actuales.

¿Qué ponerte?:

El tipo de trabajo que estás solicitando determinará

qué ponerte para la entrevista; en caso de duda, inclínate hacia el lado más elegante de lo que crees que es apropiado.

Por ejemplo, si estás solicitando algún tipo de trabajo de oficina, vístete profesionalmente (para las mujeres, esto significa un vestido, falda o pantalones de vestir y una blusa bonita; para los hombres, esto significa pantalones de vestir y una camisa de manga larga como mínimo y posiblemente un saco y corbata). Nunca uses jeans, camisetas o tenis para una entrevista en la oficina. Los jeans pueden ser aceptables para algunas entrevistas de trabajo, pero combínalos con una camisa limpia, planchada, sin manchas y con cuello. Muestra tu respeto por el trabajo y el entrevistador bañándote y peinandote y teniendo una apariencia prolija. No se permiten gorras ni camisetas, especialmente aquellas con gráficos cuestionables u objetables. Oculta cualquier tatuaje o piercing que pueda considerarse inapropiado para el trabajo que estás solicitando.

¿Qué traer?:
Currículum. Si tienes un currículum, obviamente debes llevarlo contigo a todas las entrevistas de trabajo.

Lo ideal es que actualices tu currículum cada vez que dejes un trabajo mientras la información está fresca en tu mente (fechas, contactos, deberes, etc.) y para que tu currículum esté siempre actualizado. Un currículum completo y profesional demuestra atención al detalle. Un currículum sobresaliente demuestra creatividad.

Lista de preguntas. Estate preparado con tus propias preguntas inteligentes para hacerle a tu entrevistador.

Recuerda que estás entrevistando a la empresa al mismo tiempo que te entrevistan a ti. (Por favor, no permitas que tus primeras preguntas sean "¿cuánto ganaré?" y "¿cuántas vacaciones tendré?") Aquí hay algunos ejemplos que podrían ser apropiados:

1. ¿Qué busca el jefe de departamento en las características personales?

2. ¿Cuáles son las expectativas de desempeño en este puesto? ¿Cómo se mide el desempeño?

3. ¿Cuáles son las oportunidades de crecimiento?

4. ¿Qué pasó con la persona anterior en el puesto? (En particular, deseas saber si fueron ascendidos y, de ser así, a qué puesto. Si le dicen que los despidieron o renunciaron, pregunta por qué).

5. ¿Cuál es la importancia de los otros miembros

del equipo? ¿Cuáles son sus roles? ¿Cómo trabajan juntos?

Consejos para la entrevista:

1. Estate preparado. Investiga la empresa antes de la entrevista. Si haz estado en las noticias últimamente, coméntalo (a menos, por supuesto, que haya sido por un escándalo o alguna otra razón negativa, ¡ay!).

2. Muestra un entusiasmo controlado pero no parezcas necesitado. Querer es bueno; la necesidad es mala.

3. Sé honesto.

Admitir una falta, un error o un arrepentimiento siempre es mejor que ser atrapado en una mentira. No seas evasivo.

4. Sé tú mismo. Muéstrales tu personalidad. Quieren saber cómo encajarás con sus otros empleados.

. . .

5. No compartas expectativas salariales específicas; se relacionan con una compensación justa por las responsabilidades del trabajo. Responde directamente si se te pregunta sobre tu salario actual; sin embargo, relaciónalo con por qué estás buscando un nuevo trabajo. Ejemplo: tu salario no se ha mantenido al día con las responsabilidades adicionales que se te han asignado.

6. Piensa dónde quieres estar en cinco o diez años. ¿Qué tipo de puesto y qué responsabilidades le gustaría tener? Sé realista, pero sea agresivo.

Antes, durante y después de la entrevista:

Tanto si has concertado una cita como si acabas de llegar de la calle, las primeras impresiones son importantes. Sé siempre cortés, llega a tiempo, luce profesional/presentable, habla claramente, haz contacto visual, párate derecho y ten confianza (incluso si no lo sientes). Asegúrate de agradecer al entrevistador por su tiempo y consideración. Envía un correo electrónico de seguimiento o una nota para agradecerles nuevamente por su tiempo.

Al hacer un seguimiento, estás demostrando que estás interesado en el trabajo y les estás dando una razón más para recordar tu nombre.

. . .

Ten cuidado con las redes sociales:

Ten en cuenta que cada vez más empleadores utilizan las redes sociales para controlar a los empleados actuales y potenciales. Mantenga sus publicaciones positivas y respetuosas. Nunca uses blasfemias o mensajes vergonzosos o lascivas fotografías tuyas. Y recuerda que si te reportas enfermo en el trabajo, no publiques fotos tuyas en el juego de béisbol o en la playa.

Siete cosas que no debes decir en una entrevista de trabajo:

1. Intenta no hablar mal de nadie y menos de un trabajo anterior.

Si haces esto, puedes transmitir al entrevistador la imagen de una persona poco agradecida, desleal y posiblemente problemática con tus superiores y/o compañeros. Por ello, es la primera de las cosas que debes intentar no decir en una entrevista de trabajo bajo ningún concepto. Procura ser precavido, y si te piden que expliques por qué has dejado un trabajo o te despidieron, puedes decir que la compañía no encajaba ya en tus planes, incompatibilidades trabajo/familia...

existen muchas opciones mejores que hablar mal de nadie.

2. Decir mentiras.

Recuerda que la verdad tarde o temprano sale a la luz y aunque creas que te has salido con la tuya, cualquier prueba de competencias, o cualquier tipo de coincidencia como un ex compañero o alguien de tu empresa que haya hablado de tu formación de forma casual, pueden echar por tierra todos tus planes. No te preocupes por tus puntos débiles, pues todo el mundo los tiene. Si tienes miedo de decir la verdad y que no te contraten, preocúpate de enfocarte en tus competencias y aptitudes, te será mucho más útil que mentir.

3. Críticas a otros compañeros.

Si para quedar bien ante el entrevistador críticas a otros candidatos o compañeros, darás una imagen totalmente desleal. Un comentario negativo sobre un compañero de trabajo, no dice nada a favor de ti, recuérdalo como una de las cosas que no debes decir en una entrevista de trabajo, es mejor que elogies sus tareas y te fijes en las cosas que haces bien. Demuestra que sabes reconocer un buen trabajo, y recuerda siempre que todo el mundo tiene algo que enseñarte, demuestra que estás dispuesto a hacer lo posible para imitar las cosas buenas de los demás, sin dejar de aprender algo nuevo ni un solo día.

4. Yo, Yo, Yo y Yo.

Evita mostrarte egocéntrico, no te limites a decir por qué ese trabajo es genial para ti, todo lo que te gustaría conseguir con él, cuánto te has esforzado para conseguirlo...

Recuerda decir por qué deben elegirte, qué puedes ofrecer a la empresa que otros no puedan, qué es lo que puede hacerte especial e irremplazable para ellos. También es importante que ofrezcas respuestas que no resulten excesivamente cortas, pero siempre dejando que el entrevistador lleve las riendas de la conversación.

5. No conviertas las virtudes en defectos.

Cuando te pregunten sobre tus defectos, entre las cosas que no debes decir en una entrevista de trabajo, esta es una de las principales: si te piden que hables de tus puntos débiles, está bien que no hables de los que tengan relación directa con el puesto de trabajo, pero nunca menciones una virtud disfrazándola de defecto, pues no resultará creíble.

6. Preguntar sobre la remuneración y/o las vacaciones que vas a tener

Por muy interesante que te resulte, en el momento de la primera entrevista intenta no preguntarlo, parecerá que estás dando por hecho que van a contratarte, y de cualquier modo, no tiene cabida en un momento en el que el objetivo es conocerte un poco mejor. Esta es una de las cosas que no debes decir en una entrevista de trabajo, pero por supuesto podrás preguntarlo posteriormente si te dicen que eres uno de los elegidos y te hablan más al detalle de las condiciones de trabajo, pero nunca antes.

7. No tengo ninguna pregunta.

Puede que te haya quedado todo claro y que no quieras preguntar nada, pero aun así, dará la impresión de que tienes poco interés. No hace falta que sea una cuestión enrevesada, pero seguro que hay algún tipo de duda que te gustaría aclarar, y ese es el momento perfecto. Si te surge alguna pregunta durante la entrevista, puedes reservarla para el final, e incluso aunque el entrevistador no te diga si tienes algo que preguntar, sería un buen momento para que la formules tú mismo.

6

Cuestiones Médicas

Seguro médico:

A partir de 2014 y la aprobación de la ACA (Ley del Cuidado de Salud a Bajo Precio, esto en Estados Unidos, recuerda siempre checar las leyes y normas que tiene cada país, ya que todos van cambiando), todos los estadounidenses deben tener un seguro de salud. Si tu empleador te ofrece un seguro de salud, agradece y di "gracias" e inscríbete. Si tu empleador no te lo proporciona, puedes ingresar en línea y verificar tus opciones. Dependiendo de tus ingresos, puede calificar para subsidios que te ayuden a pagar su prima. Esta es una situación en constante cambio, así que eso es todo lo que diré al respecto por ahora.

. . .

El seguro médico no significa atención médica gratuita. El seguro de salud ayuda a mantener tus gastos médicos manejables. La mayoría de las veces, el seguro de salud solo pagará una parte de los costos de la visita al médico, la receta, el procedimiento o el hospital.

El tamaño de la porción dependerá del tipo de plan que tengas y los deducibles y copagos asociados con tu plan. Cada plan es diferente, así que conoce y comprende tu póliza de seguro.

Una HSA (Cuenta de Ahorros para la Salud) es una cuenta de ahorros médicos combinada con un plan de seguro de salud con deducible alto. Tu (ya veces su empleador) aportas dinero antes de impuestos a una cuenta de ahorros establecida exclusivamente para gastos médicos. Luego, usas esa cuenta para pagar todos los gastos médicos aprobados hasta alcanzar el deducible del seguro, momento en el cual tu seguro entra en vigor. Las cuentas HSA son las favoritas entre aquellos que generalmente gozan de buena salud y tienen relativamente menos gastos médicos. Los fondos no utilizados se acumulan, están libres de impuestos y siguen siendo propiedad del titular de la cuenta (incluso si tu empleador ha contribuido) hasta la edad de jubilación, momento en el cual los fondos pueden utilizarse para cualquier propósito. Al igual que una IRA, los fondos están sujetos a impuestos cuando se retira dinero de la cuenta (a menos que se use para gastos médicos aprobados) y se aplica una multa del 20 % si se retira antes de los 65 años.

Consulte las leyes vigentes para conocer las contribuciones anuales máximas permitidas.

Una HMO (Organización para el Mantenimiento de la Salud) significa que tu recibes toda su atención médica de una red específica de médicos y hospitales. Debe elegir un médico de atención primaria que sirva como punto de partida para toda su atención médica. Si necesitas ver a un especialista, tu médico de atención primaria debe remitirte a uno para que el servicio esté cubierto. Tu seguro de salud solo cubrirá a los médicos de esa red específica. Los HMO tienden a ser menos costosos que los PPO y pueden ofrecer más atención preventiva que otros planes, pero pueden ser más restrictivos en cuanto a los médicos y hospitales que están cubiertos.

Una PPO (Organización de proveedores preferidos), como una HMO, también tiene una red de proveedores de atención médica contratados (médicos y hospitales), pero no requieren que los uses. Puedes ir a cualquier médico u hospital que elijas, sin embargo, pagarás más de tu bolsillo si usas un proveedor que está fuera de la red preferida. Tu plan te dirá exactamente cuáles son esas tasas/porcentajes.

Los PPO son generalmente un poco más caros que los HMO, pero ofrecen más opciones de proveedores.

Un copago es una tarifa que se cobra en el momento del servicio y, por lo general, se aplica a las visitas al médico oa las recetas.

Por ejemplo, una visita al médico puede requerir un copago de $50 que usted paga en la cita, pero el resto de la visita está cubierta por el seguro.

Los copagos son la forma que tiene la compañía de seguros de mantener bajos los costos. Si tienes que pagar algo por un servicio, con suerte no abusaras de la disponibilidad del servicio. Muchas veces el copago aumentará para servicios más especializados (es decir, copago de $10 por un medicamento genérico, $20 por un medicamento de marca y $60 por un medicamento patentado).

El deducible es la cantidad que debes pagar de tu bolsillo antes de que pague tu compañía de seguros. Por ejemplo, una póliza de seguro de salud podría tener un costo de $1,500, $2,500 o el deducible de $5,000, lo que significa que si tienes que ir al hospital por un accidente o enfermedad, tu eres responsable del monto del deducible y tu seguro comenzará a pagar una vez que se haya alcanzado el deducible.

Pero eso no significa necesariamente que tu seguro pagará todo después de eso. Algunas pólizas tienen límites hasta una cierta cantidad en dólares (máximos de por vida) o algunas pagan solo un porcentaje de la factura total, como el 80% (coseguro) después de alcanzar el deducible.

Si tu plan es a través de tu empleador, es posible que no puedas elegir qué tipo de plan se ofrece o los deducibles relacionados. Si tienes una opción, ya sea a través de tu empleador o porque estás autoasegurado, elige el plan que mejor se adapte a tus necesidades pero que aún sea asequible. Será un compromiso. Por lo general, cuanto más bajos sean los deducibles y copagos asociados con un plan de salud, más altas serán las primas mensuales del seguro de salud. No tengas miedo de hacer preguntas si no entiendes su plan o sus opciones de planes.

Dónde acudir para recibir atención médica:

Adónde ir para recibir atención médica dependerá de la situación médica. Idealmente, tendrás un médico de atención primaria al que consultes con regularidad, tal vez para chequeos anuales, que tenga todo tu historial de salud archivado y a quien puedas llamar cuando surja un problema de salud. Si no es así, no te preocupes, no estás solo. Los jóvenes especialmente tienen menos problemas de salud y, por lo tanto, es posible que nunca hayan establecido una relación con un médico. Si no tienes un médico regular y deseas algún tipo de atención/diagnóstico/medicamento, simplemente puedes visitar una clínica o un centro de atención de urgencia cerca de ti. Algunas grandes cadenas de farmacias tienen clínicas ambulatorias (CVS, Walgreens).

. . .

Evita las salas de emergencia de los hospitales a menos que tu situación sea realmente una emergencia.

Las salas de emergencia son lugares caóticos y atenderán a los pacientes no por orden de llegada sino según la gravedad de la emergencia. Si acudes allí por una infección de oído, por ejemplo, no ocuparás un lugar destacado en su lista y podrías esperar todo el día para ver a un médico.

En un mundo perfecto, habrás hecho tu tarea antes de enfermarte o lastimarte y localizar a los médicos y/o clínicas cerca de ti que están cubiertas por tu seguro. De esa manera, cuando necesites un cultivo de garganta para ver si tienes faringitis estreptocócica o una radiografía porque tu brazo está doblado en un ángulo extraño, no tienes que perder tiempo primero investigando en tu computadora para localizar un proveedor preferido en tu área.

Algunos planes de seguro de salud ahora ofrecen un servicio de 'llamar a una enfermera' para esos momentos en los que no estás seguro si necesitas ver a un médico. Le describes tus síntomas a la enfermera y ella te dice si puedes quedarte en casa y tratarte con descanso y muchos líquidos o si debes llevar tu trasero al consultorio del médico pronto. Ella puede ahorrarte un viaje al médico y el copago o tarifa resultante (y también darle algo de tranquilidad), así que mantén ese número en tu teléfono en todo momento.

Me gustaría agregar una cosa más en el espíritu de mantener bajos los costos de atención médica en este país.

Si cada uno de nosotros comprara atención médica como lo hacemos con todo lo demás en nuestras vidas, lo que significa que compramos por valor, todos podríamos hacer nuestra parte para reducir los costos relacionados con la salud. Cuando veas a un médico o recojas una receta en una farmacia, pregunta cuál es el precio del producto o servicio.

Infórmate sobre lo que cuestan las cosas, no tu parte de la factura o el copago, sino el precio real como si no tuvieras seguro. Creo que te sorprendería no solo por los cargos en sí, sino también por la diferencia en lo que cobran los proveedores por exactamente los mismos productos o servicios. Las recetas pueden variar en un 100% o más dependiendo de dónde las compres. Las clínicas que se especializan en radiografías o escaneos pueden ofrecer grandes ahorros en comparación con los mismos servicios en un hospital. Esas diferencias de precio no son algo de lo que la mayoría de la gente sea consciente porque todo lo que pagan es su copago, y eso es lo mismo sin importar a dónde vayan. Pero a las compañías de seguros les importa y tienen en cuenta los costos más altos en sus tarifas de renovación.

Creo que entiendes la idea. Ser un comprador consciente de los servicios de atención médica. Compre genéricos cuando estén disponibles. No vayas a la sala de emergencias para recibir atención de rutina.

Hazte el análisis de sangre en un laboratorio y las radiografías en una clínica en lugar de un hospital (me refiero a pruebas programadas, no a procedimientos de emergencia, por supuesto).

Es posible que no te ahorre dinero hoy, pero podría ayudarte a mantener bajas las tarifas de tu seguro en el futuro.

Cuidado dental:

Estoy seguro de que no tengo que decirte que te laves los dientes, esas son instrucciones para un niño de 5 años y probablemente lo hagas sin quejarte al menos dos veces al día.

Una mejor pregunta es si usas o no hilo dental todos los días. Mi conjetura es, probablemente no. Pero deberías.

Usar hilo dental es más difícil porque los beneficios son las encías más saludables a largo plazo. ¿Qué pasaría si te dijera que un beneficio inmediato del uso de hilo dental es un mejor aliento? Es cierto. Elimina las bacterias que se acumulan entre los dientes y que provocan el mal aliento. Debes cepillarte la lengua también, es otro caldo de cultivo de bacterias.

Para una higiene bucal óptima, debes hacerte una limpieza dental dos veces al año. Cuanto mejor se use el hilo dental y el cepillado, menos acumulación de sarro habrá y, por lo tanto, menos dolorosas serán tus limpiezas. Una vez al año, el dentista tomará radiografías para detectar caries u otros problemas. En el momento de escribir este artículo, existe un debate sobre si la exposición anual a la radiación de los rayos X es prudente y necesaria. Algunos creen que la incomodidad de una caries u otro problema dental determinará cuándo necesitas una radiografía. Otros creen que las radiografías ayudan a encontrar problemas en sus primeras etapas (infecciones, tumores, enfermedades) y, por lo tanto, siguen siendo una herramienta anual importante. Dado que todavía es un país libre, puedes decidir por ti mismo con qué frecuencia hacerte radiografías dentales.

Seguro dental:

¿Debería o no debería contratar un seguro dental? Si tu empleador lo ofrece y es gratis, entonces, por supuesto, debes aceptarlo. (¿Quién rechaza las cosas gratis?) Si requiere una pequeña contribución de tu parte, aún debes considerarlo. Tener un seguro dental hace que sea sencillo (al menos en tu billetera) tener esas limpiezas bianuales. Sin embargo, si tienes que pagar el costo total del seguro dental, es una apuesta si valdrá la pena o no. El costo de dos limpiezas y un juego de radiografías suele ser más económico que las primas del seguro dental que pagarías durante el año.

. . .

Te darías cuenta del beneficio del seguro si tuvieras una caries, necesitarás un tratamiento de conducto o tuviera alguna otra emergencia dental. Esos son los trámites que pueden causar serios daños a tu cuenta bancaria.

Salud y Bienestar:

Comer bien. Ejercicio. Dormir lo suficiente. Beber abundante agua. Toma tus vitaminas. No fumes. Obtén tus vacunas. Pasa tiempo al aire libre. Meditar. Sabes qué hacer.

Sexo seguro:

¿Tenemos que meternos en esto? Todos saben sobre el sexo seguro, ¿verdad?

Bien, por si acaso, te daré lo básico. En primer lugar, ¡USA UN CONDÓN! Eso es sexo seguro en pocas palabras (además del control de la natalidad más efectivo de todos: la abstinencia). Asumo aquí que tu sabes que el simple uso de métodos anticonceptivos no es suficiente para prevenir el SIDA o una ETS (enfermedad de transmisión sexual) o una ITS (infección de transmisión sexual), simplemente previene el embarazo. Puedes contraer SIDA o una ETS incluso si estás tomando la píldora, tienes un DIU (dispositivo intrauterino) o usas la píldora del día después porque las infecciones se transmiten a través del contacto y/o fluidos. Así que protégete usando un condón cada vez.

Debes evitar las relaciones sexuales por completo con cualquier persona que esté experimentando algún tipo de brote: sarpullido, llagas genitales o verrugas. Y nunca use un lubricante a base de aceite (como vaselina) con un condón, ya que descompone el látex del condón y podría causar que el condón falle.

La única vez que debes tener relaciones sexuales sin condón es si tu y tu pareja son monógamos (solo tienen relaciones sexuales entre ellos) y han esperado seis meses desde que ambos se hicieron la prueba y dieron de alta. No seas ingenuo y no confíes en la palabra de tu pareja, insiste en que se haga la prueba. Ten en cuenta que no existen buenas pruebas para el herpes; puede permanecer inactivo y es posible que ni siquiera sepas que lo tienes hasta que tengas un brote.

Para las pruebas de VIH y ETS, consulta a tu médico, visita una clínica o encuentra una clínica de planificación familiar cerca de ti. (Estás clínicas también pueden proporcionar anticonceptivos gratuitos). Si no recibiste la vacuna contra el VPH (virus del papiloma humano, el virus de transmisión sexual más común en los EE. UU.) cuando tenía 11 o 12 años, está disponible tanto para niños como para niñas. a la edad de 26 años. Es más eficaz antes de ser sexualmente activo (¿demasiado tarde?). También debes asegurarte de haber recibido una vacuna contra la hepatitis B. Una vez más, pregunta a tu médico o visita una clínica para acceder a ambas.

7

Comida

Las compras de comestibles pueden ser una revelación para los recién emancipados. Descubrirás una nueva apreciación de la gran cantidad de alimentos que tus padres guardaban rutinariamente en sus refrigeradores y despensas y recordarás con nostalgia todas las veces que te quejabas: "¡No hay nada para comer en esta casa!". A pesar de que las compras de comestibles pueden ser costosas, salir a comer es probablemente la mayor pérdida de presupuesto que existe.

Cuando salgas, recuerda que es más que solo el costo del elemento del menú que ordena. También son las bebidas (que pueden sumar más que la porción de comida de tu factura muy rápidamente), la propina, los impuestos y las tarifas de estacionamiento o transporte.

. . .

Comiendo sano:

¿Sabías que el 70-80% de tu sistema inmunológico está en tu tracto digestivo? Eso significa que tener una dieta saludable disminuye la probabilidad de enfermarse.

Una dieta sana es una dieta equilibrada consumida con moderación. En Estados Unidos estamos acostumbrados a porciones enormes y de gran tamaño. Una teoría que circula es que constantemente tenemos hambre porque consumimos muchas calorías vacías de alimentos procesados y comida chatarra. Si comiéramos alimentos con alto valor nutricional, nos sentiríamos saciados antes. Una manera fácil de hacerlo es comer más alimentos integrales (alimentos que tienen UN ingrediente, es decir, los huevos contienen huevos, una manzana se compone de sí, una manzana). Descubrí que comprar en los bordes exteriores de la tienda de comestibles en lugar de en los pasillos ayuda.

Es en los bordes exteriores donde encuentras productos lácteos y carnes. Los pasillos contienen artículos en cajas y embolsados llenos de conservantes. Come las cosas frescas.

Mejor aún, come cosas frescas locales, compra en los mercados de agricultores o puestos de productos. Trata de cambiar los 'blancos' (azúcar, arroz, pan y pasta) hasta azúcar sin refinar y cereales integrales. ¿Eres un bebedor de refrescos? Trata de alejarte de él; es algo malo.

Cambiar al agua; es bueno para ti y es barato. De hecho, comer sano te ahorrará dinero de muchas maneras: tendrás menos problemas de salud costosos, menos días de enfermedad en el trabajo y no tendrás programas costosos para perder peso.

Cocinando:

Cocinar comidas fáciles no tiene por qué significar abrir una caja de macarrones con queso. Si cocinar es completamente extraño para ti, comienza poco a poco. Comienza con una receta fácil que solo implique pasta hirviendo como agua, por ejemplo. Hierva un poco de agua, agrega la pasta (preferiblemente pasta integral), cocina durante 10 minutos más o menos y escúrrela en un colador. Ahora, en la misma sartén donde herviste la pasta, agrega algunos aderezos simples como un tomate cortado en cubitos, aceite de oliva, sal y pimienta y revuelve junto con la pasta escurrida. A veces las comidas con más clase son también las más sencillas. Dale un toque elegante sirviéndolo en un plato grande para pasta. Tal vez puedes agregar un poco de perejil fresco o albahaca encima para darle color y sírvelo con agua con gas o vino y una ensalada. Voilá. Impresionarías a cualquier cita con esa comida.

Puedes ampliar tus habilidades culinarias horneando comidas sencillas en el horno.

Compra una pechuga de pollo (preferiblemente libre de hormonas y antibióticos), frótala con aceite de oliva, sal y pimienta, colócala en una fuente de vidrio para hornear y hornéela a 350 grados durante 30-40 minutos. Acabas de hacer pollo al horno. Si lo deseas, corta en cubos unas papas o ñames y tíralos en el plato con el pollo. Tal vez agregues un poco de brócoli. Tienes una comida completa hecha en un plato utilizando todos los alimentos integrales y lista para comer en menos de una hora, todo con el mínimo esfuerzo.

. . .

Si comienzas con poco y te sientes cómodo con un par de comidas fáciles, es posible que incluso desarrolles un interés en la cocina y amplíes tus habilidades. Es fácil aprender más. Encuentra recetas en línea; muchas vienen con videos instructivos. Como nueva esposa y madre de 20 años, mi salvador culinario fue mi libro de cocina de una famosa inglesa. Ella no asumió que yo sabía cómo hacer algo o que sabía lo que significaban todos los términos de cocina, ella explicó todo. Algunas personas se reían de mí porque no sabía hervir un huevo. Esta chef claro que no, ella me lo explicó paso a paso e incluso me dio más de un método para hacerlo. Tienes que empezar en alguna parte; la gente no nace sabiendo picar ajo o cortar una piña. Experimenta. No tengas miedo de probar cosas nuevas. Echa un vistazo a empresas para que te envíen directamente recetas saludables e ingredientes frescos. Hazlo divertido cocinando con un amigo o una cita. Estate dispuesto a tener un fracaso y reírte de ello después.

Suministros de cocina:

Para poner en marcha tu cocina, comienza con algunos suministros simples. Como mínimo, querrás una tetera de 9 cuartos de galón o más, una sartén de 10 pulgadas o más y una fuente de 9 x 13 para hornear. Los utensilios básicos para tener a mano incluyen una cuchara de madera, un batidor, una espátula, un abrelatas y un raspador. Si hubiera un área para derrochar y pagar un poco más, sería para cuchillos. Es mejor tener solo unos pocos cuchillos de calidad que un bloque de carnicero lleno de cuchillos baratos. Comienza con un cuchillo de cocina afilado y un cuchillo Santoku para todo uso. Compra un afilador de cuchillos y aprende a usarlo; un cuchillo afilado es menos peligroso que un cuchillo sin filo. Y compra una tabla de cortar. Puedes construir tus suministros de cocina a partir de ahí a medida que se amplíe tu interés y experiencia.

8

Los Viajes

Espero que tengas la oportunidad de viajar. Viajar te ofrece experiencias que amplían tu pensamiento y recuerdos que te acompañan para siempre.

Cuando viajo, especialmente cuando salgo de los EE. UU., me gusta vivir como los lugareños. Como la comida local, me alojo en pequeñas posadas donde puedo conocer a los propietarios o posaderos, y visito los pubs locales o las pequeñas cafeterías. Estos son los lugares para obtener el verdadero sabor de la zona. Me imagino que si quiero comer comida estadounidense y hablar con los estadounidenses, ¿por qué no me quedo en casa? Así que mi consejo para ti cuando viajes es que seas aventurero. Habla con los lugareños, intenta hablar un nuevo idioma, come la comida local en los lugares que prefieren los lugareños. Te sorprenderías de cuánto se puede comunicar a través del lenguaje de señas, una sonrisa y las palabras 'por favor' y 'gracias'.

Y recuerda que cuando viajas fuera de los EE. UU. o del país que seas, representas a tu país, así que sé un buen embajador de tu lugar natal.

Viaje aéreo:
Esta sección es para viajeros con poco presupuesto. Si el dinero no es un problema, simplemente llama a tu agente de viajes y pídele que te reserve un asiento de primera clase en cualquier lugar exótico al que te dirijas y ponte esos lindos pijamas que te dan, para que puedas dormir cómodamente en tu total comodidad. Asiento reclinable con tu almohada de plumas. (Sí, realmente hacen eso en los vuelos transoceánicos de primera clase, ¡incluso te dan máscaras para los ojos para bloquear la luz! Si sueno celoso es porque lo estoy. Es mi objetivo algún día poder pagar un boleto de primera clase en el extranjero).

. . .

Para el resto de nosotros, vale la pena saber cómo funciona el sistema. Cuando busco vuelos, me gusta ir a un sitio de viajes que compare aerolíneas para poder encontrar no solo los mejores precios sino también los horarios más convenientes y la menor cantidad de escalas. Uso un sitio en internet porque no solo buscan aerolíneas sino también otros sitios de viajes con descuento, y una vez que encuentras un vuelo que te gusta, te conectan directamente con esa aerolínea o sitio de descuento.

(Prefiero reservar directamente a través de la línea aérea en lugar de un sitio de viajes porque encuentro que la información es más precisa, los asientos son más confiables y los cambios de horario me son transmitidos de manera más eficiente). Encuentra el que más te convenga.

Al comparar precios, recuerda tener en cuenta las tarifas. Algunas (la mayoría) de las aerolíneas agregan cargos adicionales por equipaje, asientos (no solo en la fila de salida, sino a veces incluso por una ventana o un pasillo) y cargos por cambios (si tienes que cambiar o cancelar tu vuelo, se te pueden cobrar cargos de $150 o más por vuelo MÁS la diferencia en el costo de la tarifa). Por esa razón, soy un gran admirador de una aerolínea en específico. Incluso para sus tarifas más bajas, sus tarifas de viaje rápido, le permiten a cada pasajero dos maletas registradas gratis y no tienen cargos por cambios.

Ahorra dinero en billetes de avión reservando con antelación (especialmente para viajes de vacaciones) y viajar a mitad de semana. Los viernes, domingos y los lunes suelen ser los días más ocupados para volar, así que evítalos cuando puedas.

Puedes ganar millas aéreas siempre que vueles registrándote en el programa de viajero frecuente de cada aerolínea. Si tienes una aerolínea favorita, es posible que desees solicitar tu tarjeta de crédito.

La mayoría ofrece una milla por cada dólar gastado en la tarjeta, por lo que es una excelente manera de acumular millas aéreas rápidamente.

Alquiler de coches:

La capacidad de alguien menor de 26 años para alquilar un automóvil depende tanto del estado en el que alquile como de la compañía de alquiler de automóviles. Realiza una búsqueda de tu estado de destino y tu edad para obtener la información más reciente. Recuerdo una época en la que quería que mi hijo, que entonces tenía 18 años, pudiera conducir mi auto alquilado solo uno de los cuatro días que estaríamos en el estado de Nueva York. Alquilamos un automóvil en un lugar y pagué $400 adicionales para que él pudiera conducir el automóvil ese día solo para descubrir que si hubiéramos alquilado nuestro automóvil en el aeropuerto de Newark, NJ, nos habría costado una fracción del precio original.

Es prácticamente una necesidad tener una tarjeta de crédito antes de poder alquilar un coche. Muchas tarjetas de crédito ofrecen seguros de autos de alquiler. Si sabes que la tarjeta de crédito que estás utilizando para alquilar un automóvil ofrece un seguro de alquiler, NO compres el seguro ofrecido por la compañía de alquiler de automóviles. Aceptar y pagar un seguro de responsabilidad civil cuando alquila un automóvil anula el seguro que ofrece tu compañía de tarjeta de crédito.

. . .

Otra opción para asegurar un coche de alquiler es a través de tu seguro de coche habitual. Algunas pólizas cubren los daños a los autos de alquiler y otras lo ofrecen como una cláusula económica en su póliza.

Vale la pena una llamada telefónica tanto a tu compañía de seguros de automóviles y tu compañía de tarjeta de crédito para averiguar si y lo que cubren con respecto a los coches de alquiler.

Sí estás alquilando un automóvil en un país extranjero, definitivamente haz esas llamadas telefónicas a tu compañía de tarjeta de crédito o compañía de seguros para preguntar específicamente qué cubren en el país que estás visitando.

Fuimos a Europa hace unos años y planeamos viajar por varios países. Nos sorprendió descubrir que Irlanda era uno de los países en los que nuestra tarjeta de crédito no ofrecía seguro de coche de alquiler. Déjame aclarar. Nos sorprendimos hasta que salimos del lote de alquiler. Entonces supimos exactamente por qué las empresas de tarjetas de crédito no aseguran los coches de alquiler en Irlanda. Los caminos en Irlanda son muy angostos con setos que bordean ambos lados del camino. Cuando un automóvil (o mucho peor, un autobús o un camión) se dirige hacia ti en las carreteras muy estrechas de Irlanda, la tendencia es inclinarse hacia el lado del seto de la carretera para evitar una colisión frontal.

Desafortunadamente, los setos son conocidos por rayar la pintura de los autos que rozan contra ellos. Nuestro automóvil, que era nuevo e ileso cuando lo sacamos del lote de alquiler de Hertz, lo devolvimos una semana después con una sólida línea de rasguños en todo el largo del automóvil.

Además, nuestro espejo retrovisor derecho no estaba, lo partió un camión cuando no nos inclinamos lo suficiente cerca del seto. Cuando devolvimos nuestro auto alquilado al lote, dijeron que había sido 'americanizado'. Aparentemente, no éramos los únicos en tener un problema con las carreteras estrechas de Irlanda y conducir por el lado izquierdo de la carretera.

Otro dato útil sobre el alquiler de coches. Las mejores tarifas son las tarifas de fin de semana o semanales. Alquilar durante 4 o 5 días a mitad de semana suele costar tanto como una semana entera, así que planifica tu viaje en consecuencia. Además, puedes recoger el automóvil en un lugar y devolverlo en otro; sin embargo, pagarás una tarifa de devolución para hacerlo. Para conseguir las mejores tarifas de alquiler de coches, alquila un fin de semana (que puede incluir cuatro días: jueves-domingo o viernes-lunes) o una semana y devuelve el coche en el mismo lugar donde lo recogiste.

Hoteles:

¿Vas a reservar un hotel sin reserva? Tal vez estés en un largo viaje en automóvil y solo necesites un lugar para dormir para poder levantarte por la mañana y salir a la carretera nuevamente. Existen varias aplicaciones que pueden ayudar a encontrar hoteles cercanos que tengan vacantes, solo por nombrar algunas. O bien, puedes hacerlo a la antigua usanza y simplemente detenerte en una cadena que reconozcas cerca de la autopista. Corres el riesgo de que el hotel esté lleno, pero si no es así, las reservas para el mismo día pueden generar los mejores precios (a diferencia de las tarifas aéreas). Mi forma favorita de obtener el precio más bajo por una habitación es preguntando por sus tarifas y luego haciendo la simple pregunta "¿es lo mejor que puedes hacer?" Esta pregunta elimina todos los trámites burocráticos y simplemente solicita la tarifa más baja que el empleado del hotel puede dar en función de su ocupación.

Me dio esta pista un amigo que dirigía una gran cadena hotelera. Dijo que la mayoría de los hoteles les dan a sus empleados un precio que pueden ofrecer en lugar de que un cliente potencial salga por la puerta. No funciona siempre, pero funciona con la suficiente frecuencia como para que valga la pena hacer la pregunta.

¿Estás planeando un viaje y quieres reservar una habitación con anticipación? Entonces deberías hacer tu tarea y usar un sitio web donde busquen el precio más bajo para ti.

Puedes ver fotos del vestíbulo y las habitaciones (siempre busco hoteles que usen edredones en lugar de colchas después de ver una inquietante exposición en la que una luz negra se dirigía a las colchas del hotel y mostraba una cantidad absurda de manchas de fluidos corporales en todos ellos, repugnante, pero estoy divagando) y leí un par de reseñas. Las reseñas pueden destacar un cargo adicional por estacionamiento o una tarifa de resort o un atributo indeseable como el ruido de la carretera o el olor a humedad.

No importa cuáles sean las circunstancias de la reserva, no olvides preguntar si ofrecen un descuento AAA (es decir, por supuesto, si tienes AAA). Podría ahorrarte hasta un 10%.

Viajar al Extranjero (pasaportes, visas, moneda, celulares, empaque):

Pasaportes: Se requiere un pasaporte casi cada vez que se sale de los Estados Unidos, también para entrar y también para muchos otros países, así que si eres de otro lado necesitas sacar tu pasaporte y checar si el lugar a dónde te diriges necesitas visa, es muy importante todo eso. Si aún no tienes uno, debes obtener uno ahora. Obtener uno cuando no tengas prisa te ahorrará dinero y estrés más adelante.

Si este es tu primer pasaporte, debes presentar la solicitud en persona (mientras que las renovaciones generalmente se pueden hacer por correo).

Descarga el formulario en el sitio web del gobierno o recoge uno en cualquier oficina de correos, llénelo (pero no lo firmes, debes firmarlo persona cuando presentes la solicitud), reúne los documentos requeridos (puedes encontrar una lista de documentos aceptables en el reverso del Formulario) y llévalo a una oficina de correos calificada, DMV, secretario de tribunales de oficina o biblioteca. Puedes encontrar los lugares más cercanos que aceptarán tu solicitud.

Existe una oficina de pasaportes en ciertas ciudades importantes del país, pero sólo debes llevarla allí si viajas en menos de dos semanas. Sepa que necesitarás una cita y habrá tarifas adicionales cuando pase por una oficina de pasaportes.

Necesitarás una foto de pasaporte. Puedes tomarla tú mismo usando ciertas pautas o pedir que le tomen uno por una tarifa nominal en la oficina de correos, la oficina local de AAA o en la mayoría de los centros de procesamiento de fotografías. En el momento de esta impresión, los pasaportes cuestan $135 por un pasaporte nuevo (16 años o más), $105 por un menor y $110 por una renovación. El tiempo de procesamiento típico es de 4 a 6 semanas. Si lo necesitas antes, se aplican tarifas de expedición.

Visas: es posible que debas obtener una visa de viaje para visitar un país extranjero.

Puedes buscar en internet el país que vas a visitar y que necesitas para ir ahí. En los sitios se te informará si se necesita o no una visa para ingresar a ese país. También enumerará las vacunas requeridas o sugeridas y transmitirá cualquier aviso o advertencia de viaje.

Moneda/tarjetas de crédito o débito cuando viaja: ¿Cómo planeas pagar las cosas cuando viajas fuera de tu país? ¿Cómo pagarás un taxi o un refrigerio en el aeropuerto?

Debes saber que el intercambio de divisas siempre implica una tarifa, pero puedes minimizar esas tarifas intercambiando tu dinero en los mejores lugares. Las tarifas más altas se cobran en las cabinas de cambio en o cerca del aeropuerto donde las personas que no han planeado con anticipación están desesperadas por la moneda local.

. . .

Mi estrategia de dinero preferida cuando viajo al exterior consiste en salir de los EE. UU. con una pequeña cantidad con la moneda de mi lugar de destino, que obtuve en mi banco u oficina local de AAA. Después de eso, uso mi tarjeta de crédito para compras más grandes, como hoteles o alquiler de autos, y mi tarjeta de débito en un cajero automático para reponer mi moneda local según sea necesario.

Por lo general, retirar efectivo con tu tarjeta de débito costará menos que un cambista. (Si planeas usar tu tarjeta de crédito para obtener efectivo, asegúrate de saber el PIN asociado con esa tarjeta antes de salir de tu lugar de origen.)

¿Qué tarjeta de crédito debes usar? Las tarjetas de crédito no se crean por igual cuando se trata de viajes internacionales. Las mejores tarjetas para viajar son Visa o MasterCard porque se aceptan prácticamente en todas partes. American Express está ganando aceptación en más lugares, mientras que Discover no es ampliamente aceptado fuera de los Estados Unidos si es que estás viviendo ahí. Ten en cuenta que la mayoría de las tarjetas de crédito cobrarán una tarifa de transacción de moneda cada vez que uses tu tarjeta (generalmente en el rango de 2-3%).

Llama a tu compañía de tarjeta de crédito antes de salir del país para evitar la molestia de que su departamento de fraude ponga tu tarjeta de crédito en espera cuando ven un cargo de un país extranjero. También es una buena idea llevar contigo al menos dos tarjetas de crédito por la misma razón. Si tienes problemas con una tarjeta, tendrás una copia de seguridad para usar hasta que se aclare el malentendido.

Teléfonos celulares: si deseas tener acceso a un teléfono cuando viajas internacionalmente, tienes varias opciones.

Puedes llevar tu propio teléfono, puedes alquilar un teléfono para viajes internacionales o puedes comprar un teléfono desechable cuando llegues a tu destino. La opción que elijas depende de tu situación. ¿Quieres que la gente se comunique contigo a tu propio número o te gustaría tener acceso a la agenda de tu teléfono? ¿Usarás tu teléfono solo para emergencias o lo usarás regularmente? ¿Cuánto tiempo estarás viajando?

. . .

Usar un teléfono con sede en EE. UU. en otro país significa que se te cobrarán tarifas internacionales. Por lo tanto, para evitar llegar a casa con una factura de teléfono celular de miles de dólares (no sería el primero), consulta con tu compañía de telefonía celular antes de irte para idear la mejor estrategia para que usted minimice los costos. La mayoría de las compañías telefónicas ofrecen planes internacionales, ya sean temporales o permanentes, que cobran por minuto y/o por país. Algunos también ofrecen planes de mensajes de texto internacionales. Considera agregar una aplicación para hacer videollamadas a tu teléfono para que puedas hacer llamadas gratis cuando estés conectado a Internet. Lo que es más importante, si tienes un teléfono inteligente, asegúrate de desactivar el roaming de datos en 'Configuración' para evitar incurrir en cargos incluso cuando no estés hablando por tu teléfono.

Nota: si decides comprar un teléfono local para usar durante tu estancia, consíguelo en una tienda de buena reputación; no compres uno en la calle para obtener una buena oferta. Lo más probable es que la persona que lo vende esté buscando a un extranjero ingenuo a quien engañar. También debes saber que los teléfonos celulares, como las joyas costosas, pueden atraer a los ladrones. Sé discreto cuando uses tu teléfono y mantenlo fuera de la vista en un lugar seguro cuando no lo estés usando.

Embalaje: No quiero presumir, pero soy algo así como un experto en embalaje. Mi reclamo a la fama es que fui a Europa durante un mes con solo una pieza de equipaje que cabía en el compartimento superior.

Mi secreto son las capas. Y un número mínimo de zapatos. Y la capacidad de lavar la ropa en el camino. Mi motivación es la política de mi esposo de 'si lo empaca, lo lleva'.

Recomiendo una maleta con ruedas que, en cuanto a tamaño, supere los límites de lo que se considera una maleta de mano. Recordarás mi consejo y lo apreciarás cuando te registres en ese hotel de cinco pisos sin ascensor o cuando estés subiendo los tres tramos de escaleras que conducen a la salida de la estación de tren en París.

. . .

El clima puede hacer que empacar sea ligero y complicado.

Las capas resuelven ese problema al permitirle comenzar con una camisa de manga corta y agregar una camisa de manga larga y/o una chaqueta si es necesario (o viceversa, quitándote las prendas a medida que el día se calienta).

Mantén tus atuendos simples, clásicos e intercambiables.

Recuerda, si no te gusta y no lo usas a menudo en casa, tampoco lo usarás en vacaciones. Olvídate de la costumbre estadounidense de usar ropa limpia todos los días. Para una chaqueta, recomiendo una chaqueta multiusos de peso medio (también resistente a la intemperie, si es posible) que se pueda vestir para la noche o para las actividades diurnas.

Los zapatos tienen que ver con la comodidad. Toma dos pares, uno para el día y caminar mucho, el otro un poco más agradable para la noche pero también bueno para caminar. Toma solo un cinturón que combine con ambos zapatos y, para las mujeres, una cartera que combine con todos los atuendos y que tengas al menos un compartimento con cremallera para objetos de valor como tu pasaporte y tarjetas de crédito.

9

Personales

MODALES:

Los buenos modales casi se han vuelto pasados de moda hoy. Como sociedad nos hemos vuelto más informales y hemos dejado que algunos modales se desmoronen porque representan una época más formal. Creo que hay algunos modales básicos que nunca deben desaparecer porque muestran respeto y conciencia de tu prójimo.

Comencemos con lo básico-saludos. Es de buena educación saludar a alguien cuando entra en la habitación o, si eres tú quien entra en la habitación, saludar a todos los que están en ella (me refiero, por supuesto, a un hogar, no a un lugar público). Un gruñido no cuenta. Tómate un momento para mirar a cada persona a los ojos y decir hola (o 'hola' o 'saludos' o 'sup' o lo que sea que esté de moda en estos días). Al encontrarte con alguien cara a cara, es apropiado ofrecer estrechar la mano.

Esta costumbre es muy antigua y servía como gesto de paz al demostrar que la mano no sostenía un arma. Un apretón de manos debe tener la firmeza adecuada. Demasiado firme y señala agresión o compensación excesiva; demasiado ligero y muestra una falta de confianza. Dé un apretón de manos: la presión justa para transmitir que es seguro y amigable. Sin embargo, una excepción a dar la mano es si tienes un resfriado. Entonces debes evitar transmitir tus gérmenes y rechazar el apretón de manos. El receptor del apretón de manos te lo agradecerá.

Pide cosas, no las exijas. Por ejemplo, "¿puedo tener el control remoto?" obtendrás la respuesta deseada con más frecuencia que "dame el maldito control remoto", lo que probablemente te dará un bulto en la cabeza.

. . .

Di "perdón". Estoy seguro de que tu primer pensamiento fue sobre las funciones corporales. Eso es realmente bueno.

Pero no olvides excusarte cuando te tropieces con alguien, cuando lo interrumpas o cuando necesites que se mueva para poder sortearlo.

Usa mucho "por favor" y "gracias". En Francia, recomiendan decir "s'il vous plaît" y "merci" en casi todas las oraciones, especialmente en situaciones formales o con extraños.

(Descubrí que los franceses son personas perfectamente hospitalarias que contrastan completamente con su reputación internacional y por lo que he escuchado de otros cada vez que usaba mis favores y gracias. Me pregunto si todo lo que los franceses quieren es que los turistas muestren algunos modales y luego responderán de la misma manera).

No uses un sombrero en la mesa de la cena. O a la iglesia o al teatro (especialmente si es un sombrero grande y bloquea la vista de las personas detrás de ti; odio cuando eso sucede).

. . .

Si eres un chico, ponte de pie cuando una chica entre en la habitación. Y sostén su silla para ella. Las chicas son fanáticas de la galantería. Si estás confundido acerca de todo el asunto de la liberación de la mujer, piénsalo de esta manera: la mayoría de las mujeres que conozco están a favor de los derechos de las mujeres cuando se trata de igualdad de oportunidades laborales e igual salario por el mismo trabajo, pero aún aprecian ser tratadas como una mujer, cuando se trata de modales.

Mantén la puerta para la gente. Esto va para todos nosotros, chicos y chicas. Simplemente no es agradable dejar que una puerta se cierre en la cara de alguien. Y esto es especialmente cierto si la persona tiene las manos ocupadas.

Recuerdo un incidente cuando me dirigía a una tienda, empujando una carriola grande que contenía un recién nacido y un niño pequeño mientras luchaba para evitar que una bolsa de pañales y un bolso se cayeran de mi hombro. Había esperado y asumido que el caballero delante de mí me abriría la puerta ya que todas mis manos ya estaban ocupadas, pero me equivoqué. La puerta se cerró de golpe en mi cochecito y ni siquiera miró hacia atrás para ver de qué se trataba el choque. Ser servicial y cortés demuestra que te preocupas por los demás y que no estás en este mundo solo para ti. Sostén una puerta para alguien, extiende un brazo a una persona anciana que está subiendo un bordillo, deja que alguien vaya delante de ti. Solo sean amables el uno con el otro. Algún día podrías ser esa persona que necesita una mano amiga.

Etiqueta telefónica:

Este es un gran tema en estos días. En los viejos tiempos, la etiqueta telefónica simplemente significaba contestar el teléfono cortésmente ("hola, habla Alejandra") y tomar un mensaje adecuado. Los teléfonos celulares han expandido no solo la disponibilidad de teléfonos sino también los abusos de los mismos. Trata de recordar que tu teléfono es una herramienta, no una obligación. Tu compraste el teléfono y pagaste tu factura telefónica para que puedas decidir cuándo y cómo usar tu teléfono. No todas las llamadas y mensajes de texto necesitan una respuesta inmediata. El correo de voz se inventó para que puedas recibir y devolver llamadas a tu conveniencia.

. . .

Si sientes que debes atender una llamada en público, discúlpate y dirígete a un área más privada donde tu conversación no compita con las demás conversaciones en la sala. Si no puedes retirarte (digamos que está en un automóvil o en un avión donde salir puede ser doloroso), mantén la llamada breve y hable en voz baja. Todos hemos escuchado la multitud de conversaciones que estallan tan pronto como aterriza un avión y se permiten los teléfonos. Los pasajeros buscan sus teléfonos como un fumador busca su cigarrillo.

Haz un esfuerzo por mantener tu teléfono fuera del sitio en restaurantes o en la mesa. Apaga el timbre en los teatros, la iglesia, la escuela o la biblioteca. Cuelga tu teléfono antes de pasar por una fila para pagar. No pongas tu teléfono en el altavoz en público; si no quieres escuchar su versión de una llamada telefónica, entonces ciertamente no quiero sufrir a través de ambos lados de la llamada.

El hecho de que podamos llevar nuestros teléfonos a todas partes y hablar por ellos en cualquier lugar no significa que debamos hacerlo. Mi simple consejo es usar el sentido común y ser cortés con quienes te rodean. Estate presente en la vida que está ocurriendo justo frente a ti en lugar de preocuparte por lo que pueda estar sucediendo en tu vida electrónica.

Propinas:

En Estados Unidos, es apropiado dar propina a tu mesero en un restaurante. La propina estándar es del 15% (sin embargo, mi hija, la camarera, preferiría que dejaras el 20%). Obviamente, la calidad del servicio determinará la cantidad exacta. Si tu servidor fue más allá (piensa en 10 recargas de refresco), deja un poco más para mostrar tu agradecimiento. Si usaste un cupón para comprar una comida y obtuviste la otra gratis, da una propina sobre cuál habría sido el monto total. El cupón es del restaurante: el mesero todavía tiene la misma cantidad de trabajo por hacer y lo más probable es que no haya planeado que sus propinas se reduzcan a la mitad porque el propietario realizó una promoción. Debes saber que los servidores generalmente reciben un salario por hora más bajo debido a la expectativa de una propina y los restaurantes pueden cobrar menos por eso. Así que cuando salga a cenar, incluye la propina en tu presupuesto. Si no puedes darte el lujo de dar propina a tu servidor, tal vez deberías salir a comer comida rápida.

. . .

Hay otros en la industria de servicios que ganan un salario completo por lo que hacen, pero esperan una propina como señal de agradecimiento por haber ido más allá en sus deberes. En el caso de peluqueros u otros técnicos de belleza, botones, mucamas, cantineros, taxistas y guías turísticos, por nombrar algunos, usa tu discreción en cuanto a cuándo y cuánto debe darles propina.

Soy un gran admirador de enviar una nota de agradecimiento cuando alguien ha hecho algo bueno por mí. No solo son buenos modales, sino que es una manera de que el donante sepa que su regalo ha sido recibido y apreciado. Qué horrible es enviarle a alguien un regalo de cumpleaños o una tarjeta de boda con dinero y preguntarse si alguna vez lo logró. No deseas llamar y preguntar si lo tienen porque se siente como si estuviera buscando una palmadita en la espalda. Sin embargo, si no recibieron tu regalo, podrían caminar por el resto de sus vidas pensando que eras un tacaño porque no les enviaste un regalo de bodas. La tecnología ha hecho que la nota de agradecimiento sea algo simple. Si no deseas tomarte el tiempo para escribir una nota y enviarla por correo, simplemente puedes enviar un correo electrónico o un mensaje de texto.

Regalo de anfitriona:

Es apropiado llevar un regalo si has sido invitado a la casa de alguien para comer. Es una forma de agradecer el esfuerzo y el gasto que probablemente el anfitrión dedicó a la preparación. El regalo favorito es una botella de vino (en el rango de $10-20). Recuerda que la botella es un regalo y, si bien es muy probable que el anfitrión la abra esa noche, no debes esperar que ellos también lo hagan. Si no traes vino, puedes traer flores o cualquier pequeña muestra de agradecimiento, como una libra de tu café favorito, un aparato de cocina o incluso algo hecho en casa. Piensa en lo que te gustaría si los papeles se invirtieran.

Bodas:

Estás entrando en la edad de las bodas cuando tus amigos comenzarán a anunciar que están comprometidos y se casarán. Qué maravilloso, qué romántico.... qué caro.

. . .

¿Qué tan malo puede ser? Estás invitado a una fiesta divertida en la que hay comida gratis y, a veces, incluso bebidas gratis.

Bueno, la boda es solo el evento final del proceso de 'casarse'. Es posible que te inviten a una cena de compromiso (donde el obsequio es opcional), luego a una despedida de soltera (chicos, no tienen claro esto, podría ser una despedida de soltera en pareja) y el esperado regalo de despedida, una despedida de soltero o despedida de soltera con los obsequios de broma necesarios y alcohol, posiblemente una cena de ensayo, y luego, finalmente, el gran evento, la boda, donde ciertamente se espera que hagas un obsequio. Solo puedes esperar que la boda sea cerca para que no tengas que planificar vuelos y hoteles. Sin embargo, se debe tener en cuenta el costo de la ropa adecuada para cada evento.

Con todo, las bodas se están convirtiendo en eventos sociales y, por lo tanto, en una gran carga para la chequera.

. . .

Para combatir este asalto a tu cuenta bancaria, es posible que desees obtener un segundo trabajo. Es una broma.

(¿O soy yo?)

Algunos gastos son sólo un hecho de la vida. Si te invitan a una boda, los modales dictan que les des un regalo a los recién casados. La cantidad que gastes dependerá de dos cosas: qué tan cerca de un amigo/pariente es la novia o el novio y su presupuesto. Un regalo de bodas no tiene que ser elegante. Puede ser práctico, divertido o significativo.

Si se te pide que seas la dama de honor o el padrino de boda (espera, estoy siendo sexista en estos días, también hay padrinos de boda y damas de honor), debes saber que habrá costos adicionales, como despedidas de soltero o soltera y bodas especiales. ropa (vestidos, esmóquines, zapatos, etc.).

Si crees que no puedes hacerte cargo de los costos, es posible que desees rechazar la solicitud de un amigo para estar en su boda. Es mejor ser honesto desde el principio en lugar de avergonzarte más tarde cuando no puedas cumplir con tus obligaciones.

Consejos de organización:

Ser organizado es fácil para algunos, pero es un gran misterio para otros. Para mí, organización significa todo en su lugar, un calendario actualizado y muchas listas.

Un lugar para todo y tal vez sea el basurero: ya hablé sobre guardar las cosas en la sección sobre apartamentos, pero permítanme extenderme en lo que se refiere a la organización. Obviamente nuestro hogar es donde guardamos nuestras cosas. Pero probablemente una pregunta más pertinente es ¿cuántas cosas necesitamos? Voy a generalizar aquí, pero a los estadounidenses nos gustan nuestras cosas. A algunos de nosotros nos gusta la ropa, a otros la electrónica, a otros los coleccionables... no hay nada de malo en eso. Todos deberíamos tener pasatiempos, pasiones e intereses. Pero a veces nos acostumbramos a guardar cosas que en realidad no nos sirven; no son nuestras pasiones. Por lo general, es simplemente un caso de no tomarte el tiempo para pensar en ello para decidir conscientemente si vale la pena conservarlo o no. Por lo tanto, te recomiendo que intentes ser más consciente al decidir qué guardar y qué tirar. Cuando compres un nuevo par de tenis, desecha los viejos. De lo contrario, sabrás que los arrojarás al fondo del armario donde los encontrarás, cubiertos de polvo, durante tu próximo movimiento. Cuando llegue el correo, no dejes que se acumule en la mesa. Ábrelo, coloca las facturas que necesitas pagar en una pila, los elementos que necesitas atender (renovaciones, llamadas telefónicas, etc.) en otra pila y los sobres y el correo no deseado en la basura. De inmediato.

Mira a través de tu refrigerador al menos una vez a la semana y desecha cualquier alimento que haya pasado su fecha de vencimiento. Desecha las sobras que tengan más de tres días. (Si no te gusta cómo se ve cuando tiene tres días, realmente no te va a gustar cuando tenga siete días).

En resumen, ordena tu vida. Es liberador y reduce el estrés. Tendrás menos cosas que desempolvar. Y deja espacio para las cosas que son realmente importantes para ti.

Calendario: Mantén un calendario. Ya sea en tu teléfono o computadora o en la versión anticuada para colgar en la pared, te mantendrá a tiempo, evitará que dejes a la gente plantada y mejorará tu reputación de confiabilidad. Me encanta mirar mi calendario de pared todos los lunes para ver qué me depara la semana. Y vuelvo a mirarlo todas las mañanas para ver qué me depara el día. Cualquiera en el hogar puede echarle un vistazo en cualquier momento para ver lo que sucederá el próximo día, mes o año. Mi esposo estará hablando con alguien y me dirá, "¿estamos libres para cenar el viernes por la noche?" y yo digo, "déjame revisar el calendario" (o podría sugerir con un toque de sarcasmo, "¿por qué no revisas el calendario?"). Pongo todo en el calendario: cumpleaños, citas, eventos importantes, estadísticas de entrenamiento, información de vuelos, etc. Luego, al final del año, cuando recibo un nuevo calendario para el nuevo año y transfiero los cumpleaños, llego a revivir todo el año, como un repaso de vida. Es genial.

Listas; Yo creo en las listas. Listas de compras. Listas de tareas. Listas de ideas de negocios. Listas de libros para leer.

Y la lista continúa (¿entiendes?). Para mí, escribir algo libera la ansiedad que acompaña a tratar de recordarlo.

¿Con qué frecuencia piensas para ti mismo, "ahora qué era eso que necesitaba comprar"... o "persona a la que iba a llamar" o "cosa que se suponía que debía hacer"? Las listas hacen tu vida más simple y eficiente. Ayudan a prevenir ese segundo viaje de compras debido a un artículo olvidado. Te ahorran tiempo. Ningún teléfono inteligente habría incluido una aplicación de lista en todos sus dispositivos si no fueran útiles.

10

La Seguridad

Mudarte y vivir solo por primera vez puede ser un poco aterrador. No tendrás a un padre allí asegurándose de que las puertas estén cerradas contra intrusos y que la estufa esté apagada para que no empieces a incendiar la casa. Si vas a vivir solo, los sonidos que escuches en medio de la noche serán un poco inquietantes al principio. Ser consciente y estar preparado te ayudará a salir solo con confianza.

Consejos de seguridad aleatorios:

No abras tu puerta a extraños. Mi hija vivía en Los Ángeles (Hollywood Blvd, nada menos) cuando escuchó un golpe en la puerta. Sin mirar primero por la ventana para ver quién era, abrió la puerta solo para ver a un hombre obviamente trastornado en su porche.

Estuvo a punto de llegar al apartamento antes de que ella cerrara la puerta de nuevo. La policía llegó momentos después porque unos vecinos de la calle ya habían llamado para denunciar.

Pero podría haber sido peor. Fue una buena lección para ella mirar siempre antes de desbloquear.

¿Tienes GPS en tu coche? No establezcas un destino que diga 'casa' en tu GPS. Si te roban tu automóvil, el ladrón puede simplemente presionar tu destino de origen y lo llevarán directamente a su casa donde, lo más probable es que ahora tenga las llaves de la casa (en el llavero del auto) o la puerta de su garaje, para obtener acceso a tu casa y robar el resto de tus cosas también. Mantén tu teléfono y una linterna en tu mesita de noche. Mi hija también tiene un mazo a mano en caso de un accidente.

Se busca intruso nocturno. Aquí hay algo que podrías no haber pensado para una emergencia: mantén las llaves de tu auto cerca de tu cama y presione el botón de la alarma del auto si tienes problemas. Es ruidoso y llamará la atención.

Eso es bueno.

Para evitar que los intrusos entren por las ventanas o las puertas del patio, coloca una espiga o un palo de escoba en el riel de la ventana. Puedes ajustar la longitud de la barra para que puedas dejar la ventana abierta para la ventilación, si lo deseas.

Peligros (descargas eléctricas, incendios y fugas de gas natural):

Eléctrico: Los principales peligros de la electricidad son las descargas eléctricas o el fuego. El choque se produce cuando el cuerpo se convierte en parte del circuito eléctrico.

El agua es un gran conductor de la electricidad, así que mantente alejado del agua cuando utilices dispositivos eléctricos. Sécate siempre las manos antes de tocar cualquier dispositivo eléctrico. Nunca sumerjas un dispositivo eléctrico a menos que esté desenchufado (e incluso entonces, lo más probable es que lo arruines a menos que diga específicamente que es resistente al agua). El metal es otro gran conductor, así que nunca meta un tenedor en una tostadora para sacar esa tostada atascada (a menos que la desconectes primero). En caso de duda, desconecte primero.

Incendio: Para evitar chispas y el posible incendio eléctrico resultante, comprueba si hay cables deshilachados y clavijas dobladas en un enchufe. Mantén el uso de cables de extensión al mínimo (NUNCA conectes un electrodoméstico grande a un cable de extensión) y no sobrecargues un tomacorriente. Usa la bombilla de voltaje correcto en las lámparas y nunca arroje nada sobre la bombilla o la lámpara. Lo mismo ocurre con los calefactores: mantenlos alejados de cualquier desorden, ropa, mantas, etc. que puedan calentarse e incendiarse.

Debes saber dónde están los interruptores automáticos en tu hogar. Si un interruptor se enciende constantemente, es probable que haya un problema con ese circuito y se debe llamar a un electricista para que lo revise. Vacía el filtro de pelusa de la secadora con frecuencia (preferiblemente antes de cada carga), un filtro de pelusa lleno puede provocar un incendio. Al cargar gasolina, apaga tu automóvil, deja tu teléfono celular y no te subas ni salgas del automóvil; cualquier chispa puede encender los vapores de gasolina, incluso una carga estática que se deslice hacia tu asiento del coche. Nunca fumes ni enciendas un fósforo cerca de las bombas de gasolina.

Gas Natural: El principal peligro del gas natural es una fuga. Hay varias formas de detectar una fuga de gas, pero la más común es el olfato. El gas no tiene olor de forma natural, pero se le agrega un olor distintivo para ayudar con la detección. Si tienes una estufa de gas, una secadora de gas o un calentador de agua a gas en tu hogar, familiarízate con el olor del gas natural. Si huele a gas, no enciendas ni apagues nada. No hagas nada que pueda provocar una chispa (¡¡definitivamente NO encienda un fósforo o una vela!!!). Abre algunas ventanas, llama a la compañía de gas y abandona la vivienda o el área hasta que sea declarada segura por un profesional.

Tormentas (eléctricas, tornados, huracanes, terremotos):

Respeta siempre el poder de la naturaleza.

Los rayos caen en los EE. UU. unas 25 millones de veces al año y matan entre 25 y 50 personas cada año en los EE. UU. (según el Servicio Meteorológico Nacional). El dicho es, "cuando ruge un relámpago, entra". Si puedes escuchar un trueno, un rayo te puede alcanzar. Tiene un largo alcance, así que no asumas que tu estás a salvo simplemente porque la nube de tormenta no está directamente sobre tu cabeza.

Eso es especialmente cierto si estás en el agua (piscina, lago, océano, lo que sea). Sal del agua tan pronto como escuches un trueno. Lo creas o no, incluso en el interior, todavía hay una amenaza de rayos. Mantente alejado de equipos eléctricos, cables y plomería, ya que todos son buenos conductores en caso de que un rayo caiga sobre tu casa. También debes mantenerte alejado de los porches y de las ventanas. Mi papá, un profesor de ciencias, nunca nos dejaba ducharnos o usar el baño durante una tormenta eléctrica y siempre poníamos los ojos en blanco pensando que estaba siendo demasiado cauteloso. Pero, como adulto que vivía en Florida (donde las tormentas eléctricas ocurren regularmente durante todo el verano), aprendí que mi papá tenía razón. Puede obtener más información sobre la seguridad contra rayos en internet.

. . .

Los tornados son impredecibles y pueden desarrollarse con muy poca antelación. Aunque los tornados ocurren más a menudo en los estados de las llanuras, cada estado ha tenido un tornado en algún momento u otro.

Si escuchas que hay una alerta de tornado, significa que las condiciones son adecuadas para la formación de un tornado. Debes permanecer alerta hasta que el reloj haya sido cancelado. Una advertencia de tornado significa que se ha avistado un tornado en el área y que debes refugiarte, preferiblemente en un sótano o bodega. Si eso no es posible, ve al nivel más bajo del edificio en el que te encuentras, a una habitación interior y lejos de todas las ventanas y puertas exteriores. Si quedas atrapado afuera durante un tornado, busca una zanja o depresión y acuéstate con las manos sobre la cabeza para protegerte de los escombros que vuelan. Si estás conduciendo un vehículo y ves un tornado, detenga el automóvil, sal y busca un lugar seguro (edificio o zanja) hasta que pase la tormenta.

Los huracanes son una realidad si vives cerca del Golfo de México o el Océano Atlántico. La temporada de huracanes comienza el 1 de junio y finaliza el 30 de noviembre. Los huracanes se pueden rastrear y las advertencias generalmente comienzan mucho antes de que se requiera alguna acción de su parte (una semana o más). Si se espera que un huracán se dirija a un área cercana a ti, tendrás suficiente tiempo para prepararte. La preparación dependerá de la fuerza del huracán. Los huracanes se clasifican según la velocidad del viento: Categoría 1: vientos de 74 a 95; Categoría 2: vientos de 96-110; Categoría 3: vientos de 111-130; Categoría 4: vientos de 131-155; y Categoría 5: vientos superiores a 155. Siempre evacúa si se te indica que lo hagas. A veces, la evacuación tiene tanto que ver con las inundaciones como con el viento.

Al evacuar, el objetivo es salir del camino del huracán. Si eso no es posible o factible, por lo menos sal de la zona de inundación y ve a un edificio sólido (de ladrillo), preferiblemente uno con un generador en caso de que se vaya la electricidad. Si la tormenta solo está clasificada como tormenta tropical o huracán de categoría 1, puedes decidir quedarte en casa y capear la tormenta. Si es así, prepárate para un recorrido más largo que la acción de atropello y fuga de un tornado. Los huracanes se mueven mucho más lentamente e incluso pueden detenerse en un área durante días. Lo más probable es que se corte la electricidad, así que asegúrese de tener suministros a mano, como los que se enumeran a continuación en 'suministros de emergencia'. Los huracanes pueden viajar por tierra (aunque por lo general pierden su fuerza en el camino) o pueden generar tornados, por lo que el hecho de que no viva en un estado del Golfo o del Atlántico no significa que no debas tomar las precauciones adecuadas.

Aquí hay una pequeña trivia sobre huracanes (porque siempre me lo había preguntado y pensé que tú también podrías hacerlo). Los huracanes, tifones y ciclones pertenecen a la categoría más amplia de ciclones tropicales. Solo las tormentas que se forman sobre el Atlántico y el Pacífico oriental se llaman huracanes. Las tormentas que se forman al norte del ecuador giran en sentido contrario a las agujas del reloj, mientras que las tormentas que se forman al sur del ecuador giran en el sentido de las agujas del reloj. La diferencia se debe a la rotación de la tierra sobre su eje.

Temblores. La mayoría de nosotros pensamos en los terremotos como un problema de California y especialmente preocupantes en aquellas áreas a lo largo de la falla de San Andrés. Pero todos los estados tienen cierto riesgo de terremotos. Los terremotos son impredecibles y no recibirás ninguna advertencia por adelantado. La mayoría de las lesiones durante un terremoto no son causadas por el suelo en movimiento, sino por objetos que caen o estructuras que se derrumban. Si estás dentro cuando ocurre un terremoto, ponte sobre tus manos y rodillas y cúbrete la cabeza para protegerte de los escombros que caen. O mejor aún, arrástrate debajo de un escritorio o mesa resistente o sobre una pared o esquina interior. Si estás en la cama cuando ocurre el terremoto, quédate en la cama y cúbrete la cabeza con la almohada. Mantente alejado de vidrios, ventanas y cualquier cosa que pueda caer sobre ti. Si estás afuera, mantente alejado de edificios, farolas y cables de servicios públicos. Si estás en tu automóvil, detente lo antes posible (pero no debajo de árboles, pasos elevados o cables de servicios públicos) y quédate en tu vehículo para protegerte contra la caída de escombros.

Artículos de emergencia:

Creo que cada hogar debería tener suficientes suministros de emergencia para durar al menos una semana sin electricidad o acceso a las tiendas.

Los apagones eléctricos pueden ocurrir en cualquier lugar y por una variedad de razones (tormentas de nieve o hielo, huracanes, tornados, terremotos, errores humanos, terrorismo, sabotaje de la red eléctrica, EMP, erupciones solares, etc., etc.) y aunque la mayoría de las veces que las reparaciones se realizan con bastante rapidez, se sabe que se tarda cinco días o más en restablecer el servicio, según la gravedad del problema y la extensión del área afectada por la interrupción.

Objetos esenciales:

Agua (para beber y para el plan de lavado por un galón/persona/día)

Alimentos enlatados o no perecederos. Primero come los alimentos del refrigerador, luego del congelador y luego los alimentos no perecederos.

Abrelatas (o abrir cada lata va a ser un gran calvario)

Velas y/o linternas o ambas

Encendedores o fósforos o ambos

. . .

No esenciales (pero cosas que serán útiles):

Radio AM/FM a pilas y pilas adicionales Parrilla exterior y, si es de propano, tanques/botellas de propano adicionales.

Efectivo, en billetes pequeños (los cajeros automáticos y las cajas registradoras no funcionarán).

Kit de primeros auxilios.

11

¿A Qué Distancia Debes Vivir de tus Papás?

Lo creas o no, hay una distancia básica que debes respetar para que tus papás no te vuelvan loco.

Si eres un adulto en 2019, seguro ya te has preguntado qué tan lejos debes vivir de tus papás cuando te vayas a vivir solo. La ciencia tiene la respuesta.

La mayoría de los millennials todavía viven con sus papás, la situación económica no permite que "dejen el nido" cuando quisieran hacerlo y la mayoría de los adultos de hoy tienen que esperar un poco más para terminar de independizarse.

. . .

Cuando se momento llega (de irte a vivir solo), seguramente crees que todo es felicidad, pero, la ubicación de tu casa en relación con la de tus papás es indispensable para tu felicidad, tu salud mental y para mantener una buena relación, en especial si la razón por la que te saliste de tu casa fue para vivir con tu pareja.

Cuando te vas a vivir con tu novia (novio, pareja sentimental, o lo que sea), crees que vas a poder hacer las cosas a tu manera, que la relación va a crecer y que van a poder avanzar sin la intervención de sus familias (no hay nada peor que intentar tener un poco de intimidad cuando tu suegra está tomándose un café en la cocina), pero eso se ve impedido por todas las visitas sorpresa que hacen que no puedas vivir tranquilo.

Las visitas de tus papás o suegros pueden ser muy buenas (en especial si llegan con comida casera), pero todo tiene un límite y sus visitas se pueden convertir en tu peor pesadilla, y en un motivo de peleas en tu relación.

. . .

Tus papás y los papás de tu novia siempre van a ser parte de su vida y seguramente son personas muy agradables, pero todo el mundo necesita su espacio.

La pregunta incómoda es ¿qué tan lejos debes vivir de tus papás para que no se la pasen en tu casa, te causen problemas o se metan en tu relación? (aunque los ames y te encante pasar tiempo con ellos).

De acuerdo con la ciencia, un estudio realizado por la varios psicólogos en Estados Unidos en el que se entrevistaron a miles de adultos, lo mejor es que vivas a una distancia es de 45 minutos de la casa de tus papás (aunque algunos mencionaron que debería ser más) y suegros (aunque si no te caen muy bien, siempre puedes mudarte más lejos). Cuarenta y cinco minutos es lo suficientemente lejos como para que no te caigan de sorpresa cada vez que se les ocurra y sin avisarte, y los suficientemente cerca como para que puedan seguirse viendo regularmente y puedan reunir a la familia en ocasiones planeadas.

Estas cerca de tu familia significa que tienes un sistema de apoyo cercano en caso de que lo necesites, pero, estar demasiado cerca puede causar problemas, peleas y discusiones, en especial si tienes de esos papás que se niegan a aceptar que eres un adulto y que no necesitas que estén en tu casa todo el tiempo, por eso es importante que vivas a una distancia considerable que represente un poco de esfuerzo para ellos.

Cuarenta y cinco no es muy lejos, pero no es demasiado cerca como para que no tengas privacidad.

No puedes correr a tus papás o a tus suegros si ya están en tu casa (eso es grosero), lo que sí puedes hacer es encontrar la ubicación perfecta para prevenir el problema antes de que suceda.

De acuerdo con el estudio, vivir demasiado cerca de tus papás o suegros produce estrés extra en tu vida (y no eres el único que lo piensa, 64% de los papás dijeron que prefieren que sus hijos adultos no vivan tan cerca de ellos) y eso, finalmente, puede deteriorar la buena relación que tenían.

. . .

Claro que eso depende de ti, puedes vivir tan cerca o lejos como quieras (aunque es recomendable que lo hables primero con tu pareja), pero, la ciencia dice que estar un poco más lejos puede ayudar a que mantengan una buena relación, a que vivas menos estresado y a que tus suegros no tomen el control de tu casa. Pero es tu decisión, al final solo tú puedes decidir qué tan lejos debes vivir de tus papás, o qué tan lejos quieres hacerlo.

12

El Fracaso de Regresar a Vivir con tus Padres

¿Qué hacer para que el peor escenario no sea tan catastrófico?

Volver a vivir con los padres es uno de los grandes temores de nuestra generación, pero tras varias crisis sucesivas, no es un escenario imposible. Te enseñamos a lidiar con ello de forma llevadera. Nueva normalidad: todos los cambios a los que nos vamos enfrentar (y consejos sobre cómo hacerlo).

Lo sentimos como un fracaso

. . .

Muchas personas viven esta situación como un fracaso, ya que aparentemente parece que todo lo que podías haber perseguido y logrado no ha valido la pena porque no tiene el final que pensaste, y esto puede generar frustración, esta información lo dice un experto al preguntarle sobre el proceso emocional que implica el retorno a casa cuando ya has vivido de forma independiente.

Del mismo modo, también podría generarnos pensamientos pesimistas, vaticinando que esto es lo peor que podría ocurrirnos, que no va a mejorar y que los esfuerzos serán en vano. Por supuesto, es fácil pensar que va a ser una época pesada, que significa volver al control, a la pérdida de intimidad. Y seguir en el bucle de que irá fatal. En resumen, anticipaciones catastrofistas.

Como vemos, a la complejidad de lo real (la pérdida de independencia e intimidad, por ejemplo) se unen pensamientos negativos (de frustración e inmovilismo). "La preocupación más importante es la de cómo será el futuro, y esa incertidumbre que genera el no poder saberlo. Tanto si es por una separación como si es por trabajo, es fácil caer en lo mencionado.

Volver al hogar familiar no es sinónimo de volver en las mismas condiciones. Ya no eres aquel niño. Es importante poner ciertos límites para todos los que convivan, y estos dependerán de los códigos de cada familia. Si tenemos unos padres controladores, tendríamos que dejar claro que ya no es necesario, pero tampoco debemos ir al extremo de la incomunicación. Como si de compañeros se tratase, deben saber de nuestra vida y movimientos.

Hay que buscar el equilibrio en la búsqueda de una convivencia fácil, en la que se pueden marcar barreras, lugares y tiempos. "Algo muy importante para todos es la comunicación, generar a través de ella espacios de charla, distendidos, y compartir momentos. Cuidémonos con las discusiones, pues son generadores de tensión. La empatía es un gran aliado junto a la asertividad.

Conclusión

Como adultos jóvenes, nos gusta pensar que lo sabemos todo. Pero el aprendizaje viene de vivir y hay una primera vez para todo. Este libro es para ayudar a llenar los vacíos sobre la información que aún no te han enseñado o que aún no has experimentado en tu propia vida.

Disfruta de tu nueva libertad e independencia. Vas a cometer errores, pero ahí es cuando aprenderás las lecciones más importantes. A todo el mundo le pasan cosas malas. Tu verdadero carácter sale a relucir en tiempos de adversidad.

Levántate y promete hacerlo mejor la próxima vez.

Conclusión

Recuerda que está bien divertirse y soltarse, pero no a expensas de los demás. Aspira a ser un miembro productivo de la sociedad y una persona positiva representante de tu generación. Recicla, vota, discúlpate, sé voluntario, únete, sé tolerante, prueba cosas nuevas, aprecia la naturaleza y ríete mucho.

Volverte independiente es definitivamente una de las cosas más importantes que vas a hacer a lo largo de tu vida, es un paso enorme en tu vida, será una etapa de la cual aprenderás mucho, claro que no va a ser fácil pero creo que vale la pena intentarlo y vivir esa experiencia. Recuerda que puede que cometas errores en el camino y no pasa nada, lo importante es aprender de ellos y seguir luchando por todo lo que quieres.

www.ingramcontent.com/pod-product-compliance
Lightning Source LLC
Chambersburg PA
CBHW072159070526
44585CB00015B/1208